★子どもの体力・気力の低下を救えるのは保育者である

運動あそびで『からだ力《りょ》』UP!!

～幼児期運動指針を具体的なあそびとして…～

はじめに

奈良教育大学附属幼稚園では 2011 年より、幼児期に必要な体力や運動能力とはどのようなものなのか？　幼児期の体力や運動能力向上のためには、どのようなことを育むことが子どもたちの未来につながるのか？　といろいろと議論・検討し、研究を重ねてきました。そして、私たちが育みたいと目指すものは、体力だけではなく、運動能力だけでもなく、もっと総合的な力ではないかと考えるに至りました。

単に走るのが速くなる、鉄棒がじょうずにできるといった目に見える成果だけを求めるのではなく、人が生涯にわたって健康な心や体をつくり、維持していくために、幼児期にこそ育てておかなければならないのが、「体力や運動能力、運動に対する意欲」といった、これらの総合的な力なのです。本園では、それを総称して「からだ力」と定義し、以来実践を続け、成果を上げてまいりました。

この本に掲載された実践例が、多くの園で取り組まれ、子どもたちの「からだ力」の向上に役立つことができれば幸いです。

奈良教育大学附属幼稚園プロジェクトチーム　長谷川かおり

警鐘！
子どもの体が
危ない！

問題！ プロローグ＆解決！ アプローチ

文部科学省が行なっている体力運動能力調査によると、子どもの体力、運動能力は、昭和 60 年ごろから現在まで低下傾向が続いています。中でも、**自分の体を操作する能力が著しく低下している**と言われています。

本書は、**体力や運動能力に、黄色シグナルが点灯している現代の子ども**の状況を危惧し、これらの改善や向上に向けた取り組みを行なう必要性を痛感した上で、その一助となるよう、運動遊びのプログラムを企画しました。

今回、長年の研究と実績で成果を上げられている奈良教育大学附属幼稚園の実践例の中から、「からだ力」をつけるための効果的な運動遊びを数々紹介しています。

「生きる力」のベースとなる「からだ」や「体力」、「運動能力」を、どのように育み、高めていくのか？　まずは問題点の把握と、解決へのアプローチをたどってお読みください。

私の園の子どもたちにも
心配な子、イルイル！
思い当ること、アルアル！

次のページに続きます

現場での、保育者同士の声に戸惑いや心配など、不安の声があがっています。

子どもがどうも
動きたがらない！
お部屋遊びばっかり！
○○ちゃんって、なんだかクネクネしてて
シャンとしないのよ！

遊んでても、簡単に
ケガしちゃうよね！
どうしたんだろ？
アブナイアブナイ！
○○くんのボール、とんでもない所へ
飛んで行くのよね〜！

さらに、次のようなことにも注目されます。

平成24（2012）年3月に出された文部科学省の「幼児期運動指針」によれば、幼児期における運動の意義として、体力・運動能力の基礎を培う、丈夫で健康な体になることに加え、意欲的に取り組む心が育まれ、協調性やコミュニケーション能力が育ち、認知的能力の発達にも効果があるとされています。

つまり、健全（丈夫で健康）なからだが、生活能力や知能にまでよい影響を及ぼすということが検証されています。

ところが現実、日々の保育の中で接している子どもたちを見ていると・・・！

生活や運動のあらゆる場面で、子どもの体や運動能力についての気になる姿が実際に多く見られるようになってきています。みなさんの園に、思い当る子どもはいませんか？

体力の低下
すぐに「疲れた」と言う
少し走っただけで、
すぐ息が切れる

支持する力の低下
イスに座ると、すぐもたれる
靴を立ったまま、履けない

ホントに
たいへんなことに
なってるのね！

ボールの投げ方がわからない

運動経験の未熟さ

高い遊具の上で、腰がひける

ジャンプして、垂直に跳び上れない

人をよけて走れず、ぶつかる

しなやかさに欠ける体の使い方

階段の上り下りが、ぎこちない

気になる問題項目

- 体力の低下
- 支持する力の低下
- 運動経験の未熟さ
- しなやかさに欠ける体の使い方
- バランスの悪さ

バランスの悪さ

小さな段差でも、つまずく

転んだときに、手が出ない

なるほど～！
こんなに問題点があったんだ！
じゃあ、いったいどうすれば・・・？

**では、これらの問題点の
解決方法を考えてみましょう！**

問題に挙がっている気になる項目の、足りないところ、不得意なところを、改善、向上、克服するには？

まず　今までのように、体力や運動能力だけに焦点を当てた方法ではなく、**からだ**を動かすための**気持ち**（心）や**動き**（機能）を含めた**総合的な考えを基に取り組む方法**を取り入れます。

この基本になる**総合的な考えを「からだ力」と呼びます。**

生涯にわたって維持できる健康な心や体をつくるために、**幼児期に育みたい体力や運動能力、運動に対する意欲**などを総称した言葉が**「からだ力」**です。

「からだ力」が
大事なんだ！
なんだか力強いね！

なるほど！
「からだ力」なんだよね！
ただ体力をつけたり、
運動するだけじゃ
ダメってことね！

では　今度は、この**「からだ力」**の基本要素にそれぞれ、どう働きかけるか考えてみましょう。

「からだ力」への働きかけは、「体づくり」「動きづくり」「気持ちづくり」の3つのアプローチで実行していきます。

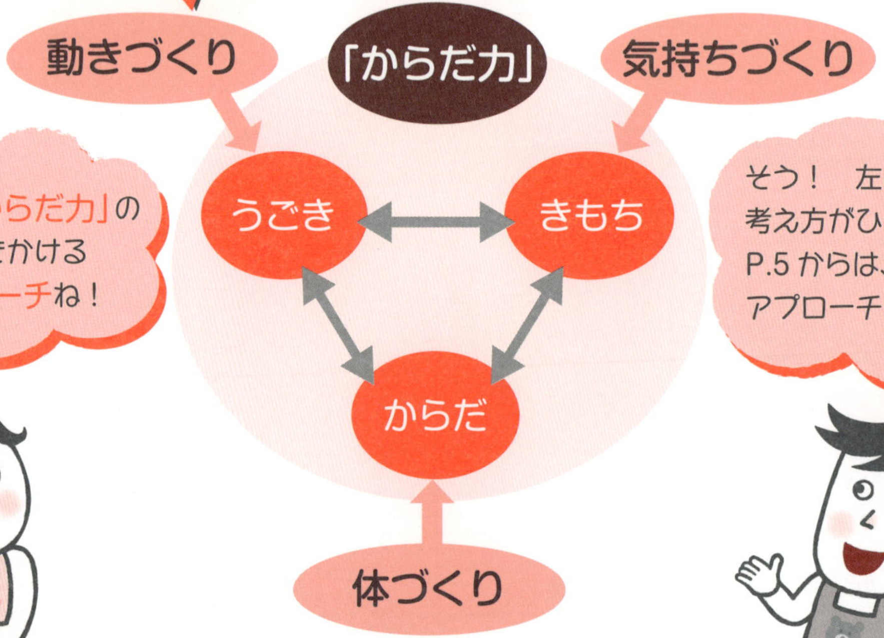
動きづくり
「からだ力」
気持ちづくり
うごき
きもち
からだ
体づくり

それぞれの「からだ力」の
基本要素に働きかける
3つのアプローチね！

そう！　左の図で、
考え方がひと目でわかるね！
P.5 からは、それぞれの
アプローチがよくわかるよ！

からだ

自分の**体を自在に操り、体を動かす楽しさを十分感じられる**ような必要最低限の機能が備わることが目標です。筋肉への刺激や関節の動きの柔軟性、自由度が高まることが運動の基盤です。また、体を動かすことによって自然に高まっていく心肺機能も含め、**将来の体の土台づくりという考え**の基に**「からだ」**としてまとめています。

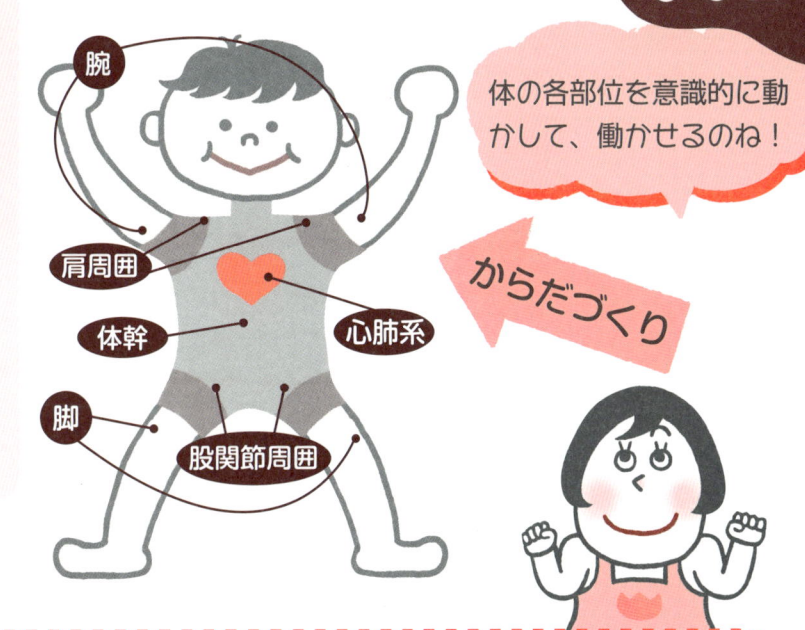

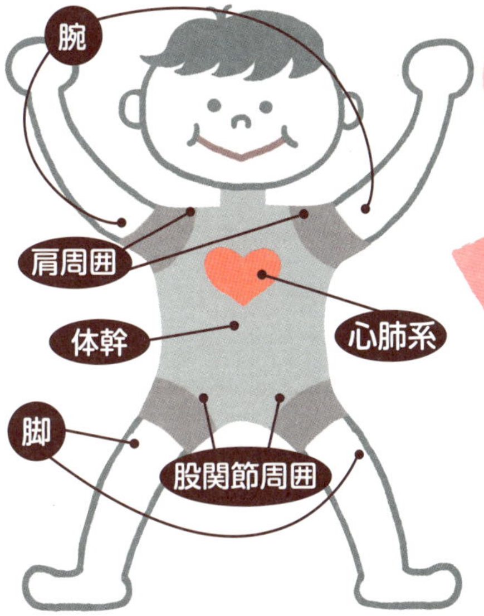
腕
肩周囲
体幹
心肺系
脚
股関節周囲

体の各部位を意識的に動かして、働かせるのね！

からだづくり

「体づくり」アプローチ

体を**6つの部位**に分け、その部位を**意識的に動かし、機能を十分に働かせる**ことができるようにしていくことを目指して「体づくり」へのアプローチをします。

うごき

幼児期の神経機能の発達は、**5歳ごろまでに大人の8割程度まで発達する**と言われています。人間の生涯のさまざまな場面において、必要な**活動・運動の基になる基本的な動きを幅広く獲得する大切な時期**でもあるこの幼児期に、**多様な運動刺激を与え**、体内に**さまざまな神経回路を張り巡らせる**ことが大切と考えます。幼児期運動指針(2012年)による、**「動きの洗練化」「動きの多様化」**の2方向の目標を**「うごき」**としてまとめています。

いろんな動きを経験させて、体の動きをコントロールできるようにするって、ことね！

動きづくり

「動きづくり」アプローチ

「動きの洗練化」「動きの多様化」の2視点からアプローチします。動きの多様化は「幼児期運動指針」(2012) を参考にします。動きの洗練化は調整力と深くかかわり合い、体を動かす際に必要なコントロール能力とされている**「コーディネーション能力」**をベースにします。(詳細はP.6～7参照)

コーディネーション能力

コーディネーション能力とは

体を動かす際に目や耳などの五感でとらえた情報を脳で処理し、神経を伝って筋肉を動かすという一連の過程を、うまくコントロールする能力です。

「コーディネーション能力」には、リズム能力、バランス能力、変換能力、反応能力、連結能力、定位能力、識別能力の７つがあります。以下にコーディネーション能力幼児版として幼児の遊びを例に挙げてわかりやすくまとめました。

7つの動きのコーディネーション能力

バランス能力　バランスを取る

バランスを保ち、崩れた体勢を立て直す。

タイヤの上など不安定な上を歩く

リズム能力　リズムに合わせる

リズムやタイミングを合わせて体で表現する。

音楽や友達の動きに合わせて踊ったり体操をしたりする

反応能力　すぐに応える

合図に素早く反応し、適切に対応する。

笛の合図で走る

連結能力　なめらかに動く

関節や筋肉をなめらかに動かす。

下半身でふんばりながら上半身で相手を押す

定位能力　見てとらえる

相手やボールなど動いているものと自分の位置関係を正確に把握する。

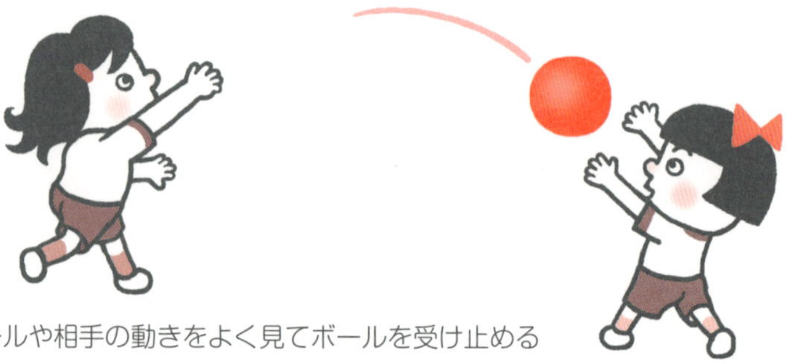

ボールや相手の動きをよく見てボールを受け止める

変換能力　動きを切り替える

状況の変化に合わせて、素早く動きを切り替える。

鬼につかまらないように鬼をかわし走る方向を変えて逃げる

識別能力　見て使う

手足や用具などを視覚と連動させ精密に操作する。

まりが再び手元に戻ってくるように、力を調整しながらつく

動きの洗練化へ

遊びの中に見られるコーディネーション能力
友達といっしょに重いものを運ぶ
リズム能力
持ち上げたり、下げたりするタイミングを友達と合わせる
バランス能力
段差のあるところを歩く
後ろ向きや横向きに歩く
せーの！
バランス能力
全身のバランスを保ちながら跳ぶ
連結能力
持ちながら歩く
定位能力
自分の位置と物の位置をとらえる
段差や柱などをとらえる
ぞうきんがけ
反応能力
合図に合わせてスタートする
識別能力
板目に沿ってふく
連結能力
上半身はぞうきんを前に進め、下半身は歩く
よ～い どん！
変換能力
反対からくる友達をよけて進む
定位能力
反対方向からくる友達をよけたり、ぶつからないように止まったりする
縄跳び
定位能力
縄の位置を把握する
リズム能力
リズミカルに連続して跳ぶ
識別能力
回ってくる縄を跳ぶ
跳ぶ速さに合わせて縄を回す
連結能力
縄を回しながら跳ぶ
手首をしなやかに回す
鬼ごっこ
反応能力
鬼がきたら逃げる
定位能力
相手との距離をつかむ
バランス能力
斜面や段差のあるところなどで鬼ごっこをする
変換能力
捕まりそうになったら方向を変えて走る
ケンパ
連結能力
上半身で弾みをつけて、下半身でジャンプする
定位能力
○印を目がけて跳ぶ
リズム能力
リズミカルに跳ぶ
バランス能力
片足で転ばないように進む
識別能力
○印から足が出ないように着地する

幼児期に経験する基本的な動きをベースに

動きの多様化へ

からだのバランスを取る動き

立つ　座る　しゃがむ
寝転ぶ　起きる
回る　転がる
渡る　ぶら下がる
乗る　逆立ち　など

からだを移動する動き

走る　歩く　はねる
(垂直に) 跳ぶ　登る
下りる　はう
くぐる　よける
すべる　など

用具などを操作する動き

持つ　運ぶ
(ボールを) 捕る　つかむ
投げる　転がす　ける
打つ　振る　回す
積む　支える　こぐ
掘る　押す　引く　など

きもち

運動指導の頻度と運動能力の関係を調べると、それぞれ必ずしも比例するものではないというデータが出ています。また、自由遊び中心の園に比べ、一斉に運動指導を行なう園のケースには、幼児の発達的特徴に相応しないという結果も明らかにされています。

幼児期には**心と体が相互に影響し合って発達することが大切**で、運動が、子どもの自己決定に基づいた**自発活動である遊びの形で経験するのが有効**であることを示しています。このことから、運動に対する興味・関心、意欲などを**「きもち」**としてまとめています。

つまり、自分からやってみたい！
やって楽しい！ことが大切なんだ！
しかも、友達といっしょなら、
もっと効果的ってことね！

気持ちづくり

「気持ちづくり」アプローチ

幼児期の子どもたちには、**自ら楽しく体を動かし、体を動かすことが好きになるような気持ちを育むことが大切です。**そして、自ら体を動かすためには**「意欲」**が、楽しさにつながるためには**「心地良さ」**が不可欠です。また、これら集団の場では**「友達」**の存在が大きいと考え、**「きもち」**をさらに下の３つに整理してアプローチします。

自ら

意欲に関する気持ち

繰り返し　めあて・目的
工夫・試行錯誤
集中・緊張・挑戦　誇らしさ

楽しく

心地良さに関する気持ち

開放感　高揚感　爽快感
達成感・自信

友達と

友達に関する気持ち

イメージ・模倣・なりきる
刺激・あこがれ　共感・共有
競争（おもしろさ・悔しさ）

「からだ力」をパワーアップさせるアプローチの考え方が、よくわかりましたね！

おさらい！
わかりやすくまとめたら、
右のページの図になるね！

「体づくり」「動きづくり」「気持ちづくり」それぞれを充実させながら、総合的にしっかりかかわり、高め合うことが大切なんだよね！

「からだ力」パワーアップ！ イメージ図

生涯にわたる健康な心や体をつくるために、幼児期に育みたい体力や運動能力、運動に対する意欲などを総称して「からだ力」と呼ぶ

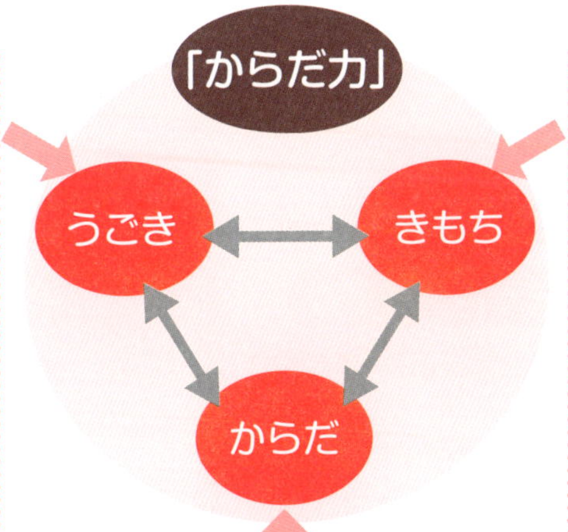
「からだ力」
うごき
きもち
からだ

動きづくり

コーディネーション能力

バランス能力　リズム能力
反応能力　連結能力
定位能力　変換能力　識別能力

多様な動き

からだのバランスを取る動き

立つ　座る　しゃがむ　寝転ぶ
起きる 回る転がる　渡る
ぶら下がる　乗る　逆立ち　など

からだを移動する動き

走る　歩く　はねる（垂直に）跳ぶ
登る　下りる　はう　くぐる　よける
すべる　など

用具などを操作する動き

持つ　運ぶ　（ボールを）捕る　つかむ
投げる　転がす　ける　打つ
振る　回す　積む　支える　こぐ
掘る　押す　引く　など

体づくり

体幹　肩周囲・腕　股関節周囲・脚
心肺系

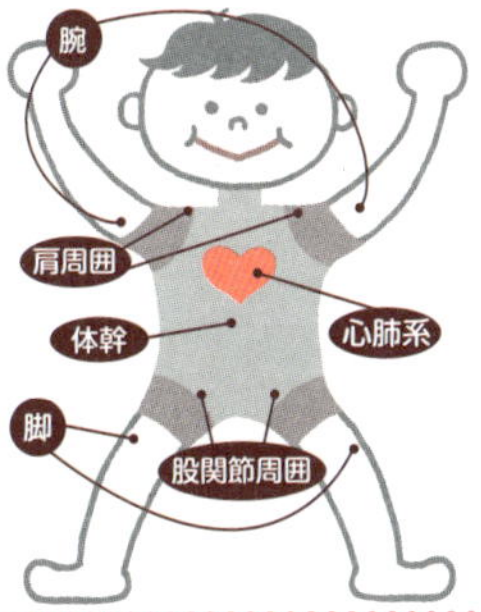
腕
肩周囲
体幹
心肺系
脚
股関節周囲

気持ちづくり

自ら

意欲に関する気持ち

繰り返し　めあて・
目的　工夫・試行錯誤
集中・緊張・挑戦　誇らしさ

楽しく

心地良さに関する気持ち

開放感　高揚感
爽快感　達成感・自信

友達と

友達に関する気持ち

イメージ・模倣・
なりきる　刺激・あこがれ
共感・共有
競争（おもしろさ・悔しさ）

上記のアプローチの実践をもとにした
「からだ力」UP！ のための年齢別計画（P.137 ～参照）

では、指導計画に基づいて考えたP.16からのチャレンジ遊びで、子どもの「からだ力」パワーアップ！ を目指していきましょう！

CONTENTS OUTLINE

CONTENTS OUTLINEは、内容項目をダイジェストに案内しています。目的に合ったページをサッと選びたいときに活用してください。

CONTENTS

「からだ力」パワーアップ！チャレンジ遊び
P.15～87

「からだ力」UP！の運動遊びに
どんどん、チャレンジさせたい

「からだ力」パワーアップ！展開・エトセトラ
P.89～131

時間や経験で変化していく
「からだ力」につながる遊びに
チャレンジさせたい

園の生活時間でできる
「からだ力」UP！の遊びに
チャレンジさせたい

「からだ力」パワーアップ！ 展開エトセトラ

遊びが、時間や経験で、どんどん変化し、広がっていく！

こんなふうに進めると、鬼ごっこのおもしろさがわかり、「からだ力」が高まる！

子どもの興味・関心をグンと高める！ 楽しいしかけ＆アイテム

CONTENTS OUTLINE

「からだ力」パワーアップ！展開・エトセトラ

P.89～131

時間や経験で変化していく「からだ力」につながる遊びにチャレンジさせたい

園の生活時間でできる「からだ力」UP！の活動にチャレンジさせたい

CONTENTS

この本の見方・使い方

本書は「からだ力」の考えに基づいた実践例から、人気のあった運動遊びを選んでいます。年齢や発達を考慮しながら、効果的で楽しく実践できる内容のものばかりです。

「からだ」も！
「うごき」も！
「きもち」も！
グングン伸ばして、
運動しながら
「からだ力」をUP！

「からだ力」パワーアップ！ チャレンジ遊び

どこへ？ 何が？ どう育つか!?
「からだ」「うごき」「きもち」へ働きかける効果です。

遊びと「からだ力」のつながりがわかる！
「からだ力」の観点から見たこの遊びの意義をまとめています。

楽しくてワクワクするネーミング！
どんな遊びかがスグにわかります。展開ページの個々のタイトルもやってみたくなりますね！

導入として・・！
遊びや活動が、どう始まったのかがわかるようになっています。また、活動の環境を整えるときの参考も記しています。

育ってほしい力を子どもに伝える！
保育者の思いや願いを表し、そのために必要なことばがけも表しています。

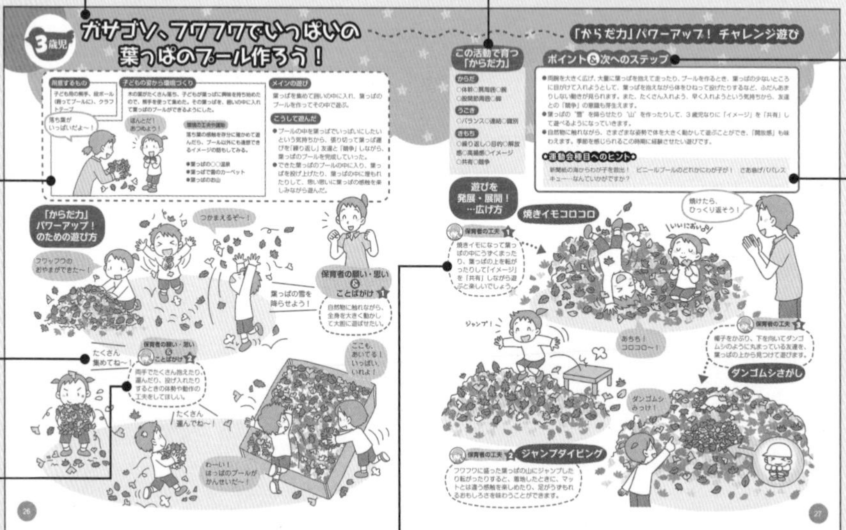

遊びがもっと楽しくなる！
基本の遊びから発展していった遊びや、さらに工夫やアレンジしてできる遊びを紹介しています。

運動会にも活用できる！
展開された遊びは、個々の遊びとしても、他と組み合わせても楽しく、運動会種目へのヒントがいっぱいです。

運動が苦手な子、取り組みに偏りのある子 その対応や援助を考える

P.132 ～ 135

状況の変化をたどり 改善への ヒントにつなげたい

年齢別ポイント 年齢別指導計画

P.137 ～ 143

「からだ力」 パワーアップを 保育に具体的に 取り組む計画をしたい

みなさんの園でも、個々の子どもや集団の特性、また、地域性なども踏まえて、組み合わせ自由に、独自にアレンジしながら活用してください。

「時間」が！ 「経験」が！ 「環境」が！ 子どもを変え！ 遊びを変え！ 「からだ力」をUP！

「からだ力」パワーアップ！ 展開エトセトラ

エトセトラ 5つの 構成項目

- 遊びが、時間や経験で、どんどん変化し、広がっていく！
- こんなふうに進めると、鬼ごっこのおもしろさがわかり、「からだ力」が高まる！
- 子どもの興味・関心をグンと高める！ 楽しいしかけ＆アイテム
- 園生活の中で、さまざまに楽しく取り組む「からだ力」
- 保護者とのグッドリレーションで、ともに育む「からだ力」

5つのアプローチから 「からだ力」UP！を展開していく 具体的な例やヒントが満載です。

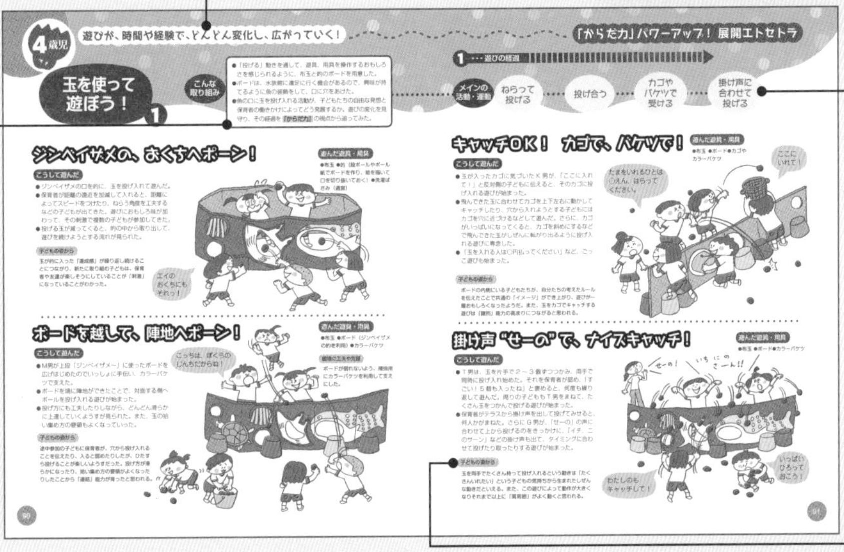

メインの動きや活動の流れが、ひと目でわかります。

取り組みの意図やねらいを記しています。環境の工夫も述べています。

保育者が受け止めた、子どものようすや印象を記しています。

保育者肝心帳！「からだ力」UP！を支える心得！ヒント！その１

遊具や環境への工夫は！

●遊び方を限定せず、いろいろな遊び方、使い方ができるようにする。また、イメージが膨らむ遊具は、子どもの可能性を引き出し、さまざまな子どもの興味・関心に対応することができる。

⬇

子どもたちが遊びを発展させていくことが動きのバリエーションにつながり、継続することで動きを繰り返すことにつながる。

▲ P.36 逃げきるか!? つかまるか!? スリル満点おばけごっこ

●昔からある素朴な遊具（縄、布玉、鉄棒など）は、いろいろな動きを誘発し、試したり挑戦したりすることができる。

▲ P.82 グルグル回れ回れ！ 縄のメリーゴーラウンド！

●体をゆだねられるような大きなもの、柔らかな感触の心地良いもの、子どもの働きかけに対して予測不能な反応をするものなどが、体の各部を大きく動かしたり、さまざまな動きを誘発したりする。また、気持ちが揺さぶられたりする。

▲ P.22 グルグル巻いて マットロール ユ〜ラユラ！ ゴ〜ロゴロ！

●数や色は、子どもたちが遊びに取り付くときに影響するので重要。

⬇

カラフルだと、取り付きやすい。数が多いと互いに刺激を受けながら遊べる。

▲ P.41 水中宝探し

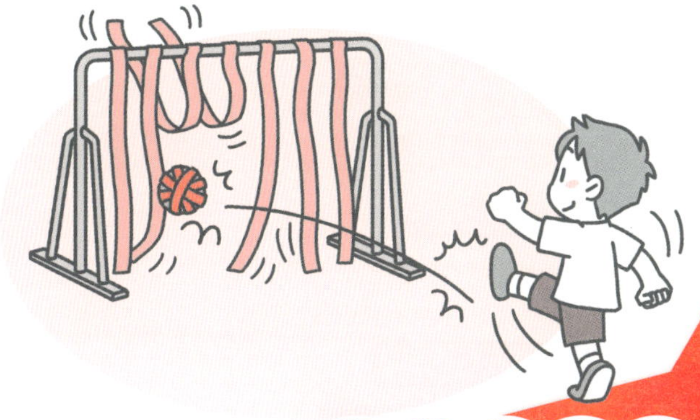

「からだ力」パワーアップ！
チャレンジ遊び

子どもたちがみずから運動遊びに取り組むために、左ページには、環境構成の工夫をはじめ、遊びの中で育ってほしい力を保育者の思いや願いとして表し、そのために必要なことばがけも示しています。右ページにはこの遊びの意義を「体づくり」「動きづくり」「気持ちづくり」の視点からまとめ、また、遊びの展開例の数々を紹介しています。
保育者は子どもの内からの発動を信じて、動きや活動を見守り、認め、励まし、助けながらいっしょに遊んでください。
展開例は、子どもの数だけあると考えます。限りない子どもの発想力を引き出して、チャレンジ遊びをさらにパワーアップさせていきましょう！

3歳児

ユラユラいい気持ち！フープのゆりかご

用意するもの

マット、フープ（数本）

子どもの姿から環境づくり

マットをフープ数本に通し、フープの丸みにより、子どもでも容易に揺らすことができる「ゆりかご」ができた。

目と目で合い図、「こんにちは！」
はい！「こんにちは！」

環境の工夫や援助

子どもが思わずやってみたくなるように、保育室の近くの目に付きやすいところに設置する。

- 保育者が、まず、揺らして見せる。
- 目と目を合わせて、揺れるタイミングを知らせる。

メインの遊び

揺れに身をまかせ、揺れるおもしろさを存分に味わう。

こうして遊んだ

- ２本のフープの間で、両方のフープをつかんで座り、向かい合わせになった保育者や友達に揺らしてもらう。
- 次第にフープを持たずに座ってみたり、あおむけやうつぶせになってみたりと、さまざまな姿勢で揺れることを楽しんだ。
- 転がった体勢をきっかけに、転がされる感覚を味わい楽しむ姿も見られるようになった。

「からだ力」パワーアップ！のための遊び方

先生といっしょに揺らしてね！
目を開けたりつむったりしてごらん！どんな気持ち？
わーい！ゆりかごみたい！いいきもち！

保育者の願い・思い＆ことばがけ 1

体の感覚が刺激されるような遊びにならないだろうか。

保育者の願い・思い＆ことばがけ 2

保育者とタイミングを合わすことで「リズム」を、手と足を連動させることで「連結」の感覚や能力を引き出したい。

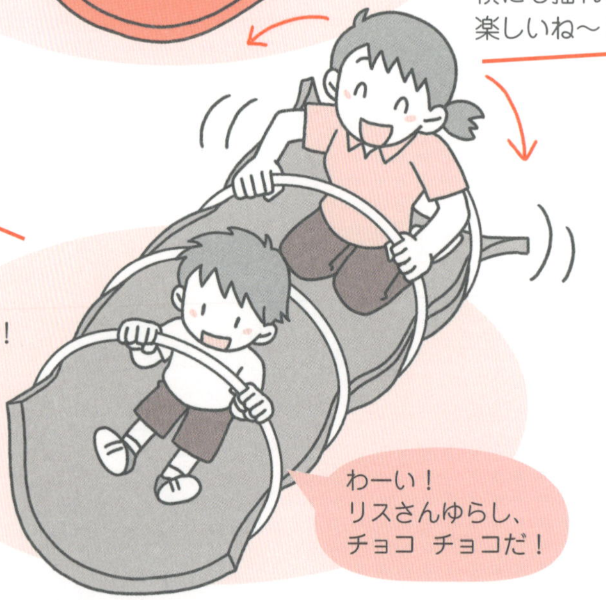
横にも揺れるよ！楽しいね〜！
ゾウさん揺らし
ノッシ！　ノッシ！
リスさん揺らし
チョコ　チョコ　チョコ！
わーい！リスさんゆらし、チョコ　チョコだ！

保育者の願い・思い＆ことばがけ 3

フープのアーチに対面して座り、フープを両手で握って体を左右に傾けながら揺らす。保育者が揺らす動きで、左右方向の重心移動の感覚がしぜんと体得でき、横揺れも楽しんでくれるといいな。

この活動で育つ「からだ力」

からだ
○体幹○肩周囲○腕
○関節周囲○脚

うごき
○バランス○リズム
○連結

きもち
○目的○緊張
○開放感

ポイント＆次へのステップ

- 遊び方が簡単なので、体を動かすことがあまり得意でない子どもも喜んでチャレンジします。
- 体全体を大きな物に預けるようにして遊ぶことで、気持ちを開放することができると考えます。特に、緊張感の解けない新学期に行ないたい遊びです。
- 揺らしてもらうことで、マット運動の起き上がりのような動きをしぜんに経験できます。
- 揺らす方の子どもは、体を大きく動かすことができたり、足を踏んばることや重心移動の感覚を自然に養うことができます。

★運動会種目へのヒント★

「フープで遊ぼう！」というネーミングでふだん楽しんでいる運動遊びとしてこの見開きの展開を紹介します。上の文章をアナウンスして、「からだ力」のためになることを伝えましょう。

遊びを発展・展開！…広げ方

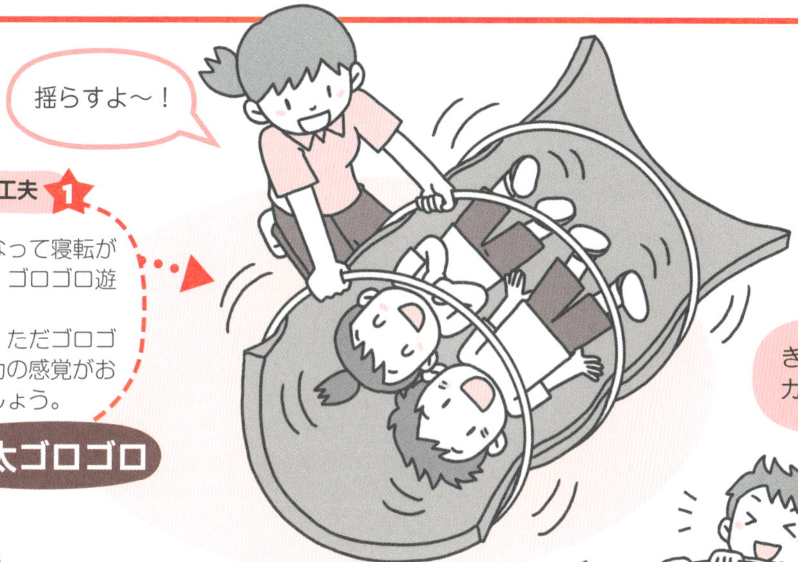
揺らすよ〜！

保育者の工夫 1

あおむけやうつぶせになって寝転がった態勢をきっかけに、ゴロゴロ遊びをします。
転がる子は力を抜いて、ただゴロゴロ転がるがままに。脱力の感覚がおもしろい遊びになるでしょう。

丸太ゴロゴロ

おふねが
すすんでいくよ！

保育者の工夫 2

葉っぱになったり、お船になったり、ブランコだったり…。揺れることで楽しくなるものを思い浮かべるイメージ遊びをします。

ユラユラ揺れるのなあに？

保育者の工夫 3

フープのアーチをハンドルに見たて、何人かが連なって座りバスごっこをします。揺れる方向をみんなで合わせることで、友達の存在を意識し、友達といっしょに遊ぶ楽しさを味わうことができるでしょう。

揺れ揺れ連結バス

きゅう
カーブだ！
しゅっぱつ
しんこーう！

3歳児 ハイハイで抜けてね！ フープのトンネル

用意するもの

フープ（4・5本）、マット（1・2枚）、布覆い

子どもの姿から環境づくり

マットとフープのゆりかごで遊んでいた子どもが、中で休憩して寝転んだり、はって出てきたりしたのをきっかけに、トンネル遊びを始めてみた。

★P.16～17『ユラユラいい気持ち！　フープのゆりかご』参照

トンネルみたいよ！
通り抜けちゃお！
ほんとだ～！
おもしろそう！

環境の工夫や援助

遊びが楽しくなるようなイメージを話したり、状況や設定の工夫もできるといい。

- 「冬眠中のクマさんのトンネル」
- 「ジャングルトンネル」（布覆いを掛ける）

メインの遊び

ハイハイをしてトンネルを通り抜ける。

こうして遊んだ

- 子どもたちは、トンネルの中をしゃがんで歩いたり、途中、休憩して寝転んだり、はって出てきたりした。
- さらに、それぞれ、進み方や速さを認めてもらおうとして、何度も繰り返していた。

「からだ力」パワーアップ！のための遊び方

○○ちゃん！
○○くんと
ぶつからないように
ゆっくりだよ～！
ちょっと、
ひとやすみ！
ぼく、うまく
とおれたよ！
もういっかい、
はいっちゃお！

保育者の願い・思い & ことばがけ 1

乳児期の、はい方や、はっていた期間などには個人差があるので、経験の差を補いながら、無理なくはう経験ができるようにしたい。

保育者の願い・思い & ことばがけ 2

それぞれの進み方や、速さを認めることで、「繰り返し」遊ぶことを楽しめるようになってほしい。

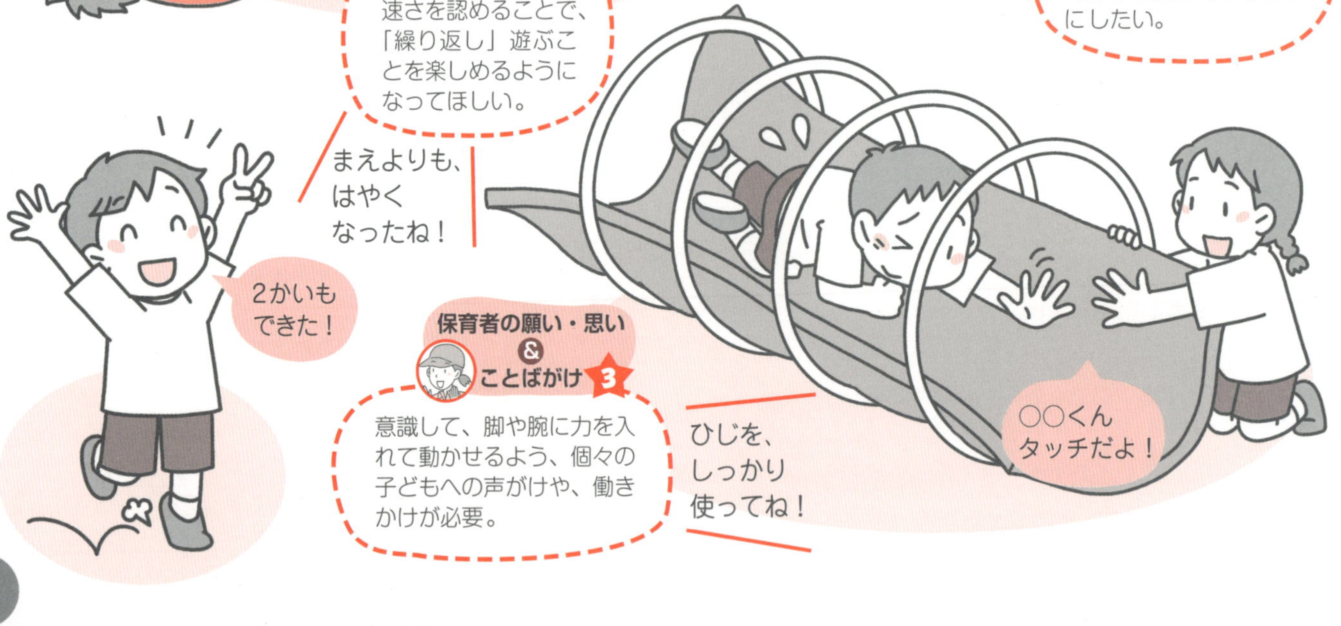

まえよりも、
はやく
なったね！
2かいも
できた！
ひじを、
しっかり
使ってね！
○○くん
タッチだよ！

保育者の願い・思い & ことばがけ 3

意識して、脚や腕に力を入れて動かせるよう、個々の子どもへの声がけや、働きかけが必要。

「からだ力」パワーアップ！ チャレンジ遊び

この活動で育つ「からだ力」

からだ

○体幹○肩周囲○腕
○股関節周囲○脚

うごき

○バランス○連結

きもち

○繰り返し○工夫○達成
○イメージ

ポイント＆次へのステップ

- 狭い所が苦手な子どももいますが、ほとんどの子が抵抗なく通り抜けられたのは、トンネルという空間を意識して楽しめたからだと思われます。また、床面がマットなので安心感を持って遊べます。
- 「脚」や「腕」の力をもっと使って進むことを意識するには、フープを小さくしたり、マットの枚数をつなぐなど距離の加減を工夫してみましょう。
- ハイハイをすることで、自分の体の重みや体の動かし方を感じることができます。ふだんの生活では、しゃがんだり、四つんばいの姿勢で移動する経験も少ないでしょう。この活動では、これらの動作や経験が無理なくできる遊びになっています。

★運動会種目へのヒント★

トンネルの覆いをブルーシートにして、『海底トンネル脱出競争』などのアイディアにつなげると楽しいですね。

遊びを発展・展開！…広げ方

保育者の工夫 1

立って通れない空間にすることで必然的にしゃがんだり、腹ばいになったりする状況をつくることも必要です。

連結マット

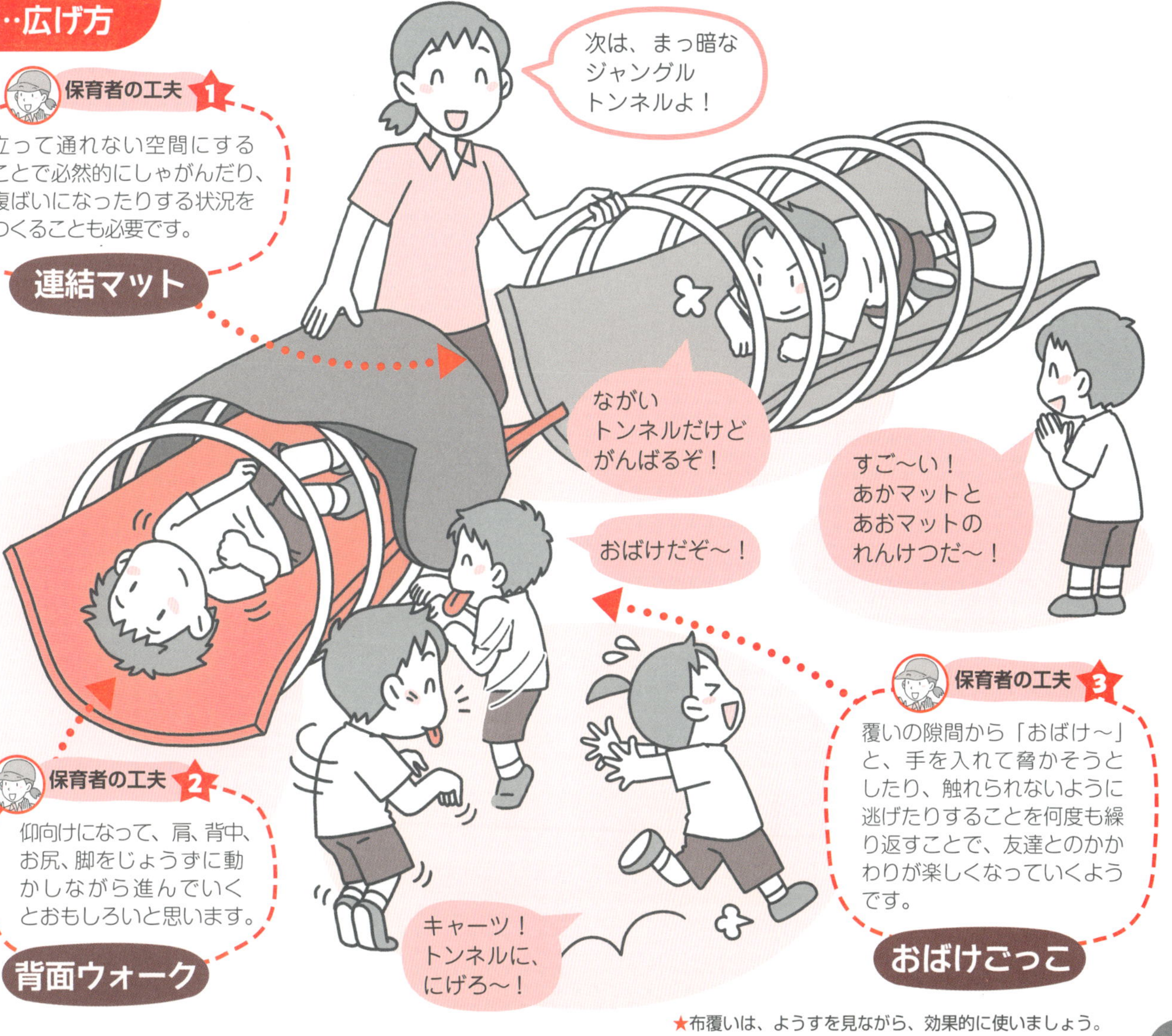

次は、まっ暗なジャングルトンネルよ！
ながいトンネルだけどがんばるぞ！
すご～い！あかマットとあおマットのれんけつだ～！
おばけだぞ～！
キャーッ！トンネルに、にげろ～！

保育者の工夫 2

仰向けになって、肩、背中、お尻、脚をじょうずに動かしながら進んでいくとおもしろいと思います。

背面ウォーク

保育者の工夫 3

覆いの隙間から「おばけ～」と、手を入れて脅かそうとしたり、触れられないように逃げたりすることを何度も繰り返すことで、友達とのかかわりが楽しくなっていくようです。

おばけごっこ

★布覆いは、ようすを見ながら、効果的に使いましょう。

3歳児 投げた！ 拾った！ 当てた！ ビーチボール遊び

用意するもの

ビーチボール、囲い用段ボール、フープ、的

子どもの姿から環境づくり

ビーチボールを投げ上げる遊びを始めたが、遠くに転がって行ってしまい、遊びが続きにくかったので、囲いを作り、投げて囲いの中に入れる遊びを提案した。

ビーチボールでいっぱいにしよう！
はやく、いっぱいにしたいな～！

環境の工夫や援助

ビーチボールは多めに用意。囲いは、初めは大きめにしておく。

メインの遊び

ビーチボールを投げたり拾いに行ったりする。

こうして遊んだ

- 初めは、囲いの中をビーチボールでいっぱいにしたいという気持ちが強く、囲いのそばまで来て、ただ落として入れるだけでも楽しかった。
- 投げる動作が充実するように、少し離れたところにフープを置くと、フープから囲いに目がけて、両手で下から投げ入れるようになった。
- 的をつるして囲いをなくすと、上手から投げてはボールを走って取りに行くことを何度も「繰り返し」遊んだ。

「からだ力」パワーアップ！のための遊び方

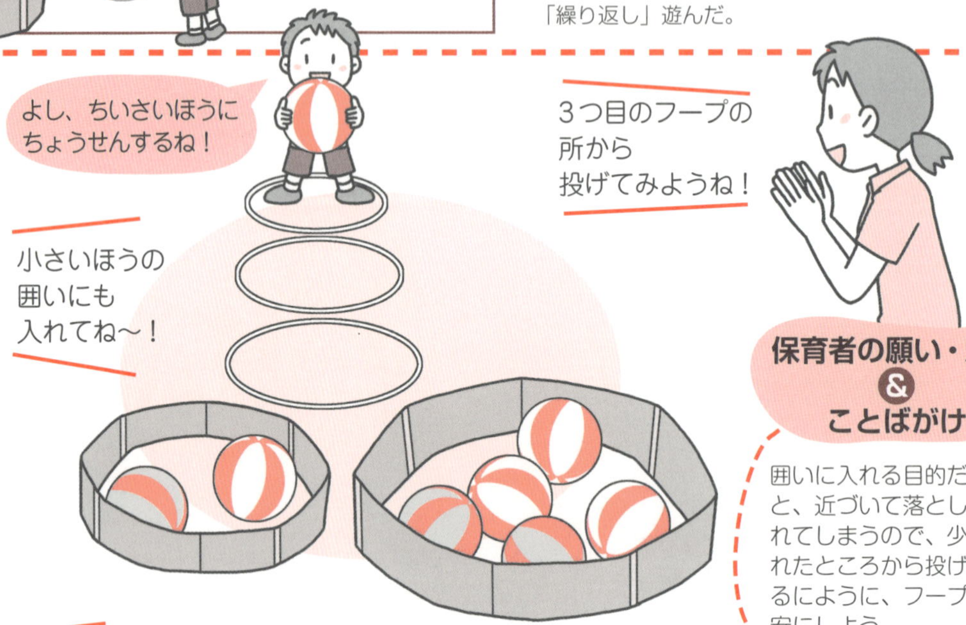
よし、ちいさいほうにちょうせんするね！
3つ目のフープの所から投げてみようね！
小さいほうの囲いにも入れてね～！

保育者の願い・思い & ことばがけ 1

囲いに入れる目的だけだと、近づいて落として入れてしまうので、少し離れたところから投げ入れるにように、フープを目安にしよう。

保育者の願い・思い & ことばがけ 2

囲いを狭めると入りにくくなり難易度が上がる。

保育者の願い・思い & ことばがけ 3

フープを使って、目標の高さを変えて遊んでもおもしろいだろう。

フープ通しは、投げる動作に拾いに行く動作が加わるので、運動量を増やすことができる。

どのフープ通しができるかな？
ぼくは、うえのフープにいれるぞ～！
どっちのフープにしようかな？
投げたボールは自分で、拾ってきてね

この活動で育つ「からだ力」

からだ

○体幹○肩周囲○腕
○股関節周囲○脚

うごき

○バランス○反応○連結
○定位○識別

きもち

○繰り返し○目的○集中
○達成感○競争

ポイント＆次へのステップ

- ビーチボールの大きさや材質の特長からも、投げる遊びをしながら全身を大きく動かすことができ、どこへ飛んでいくかわからないおもしろさが味わえます。また、当たっても痛くないので大胆に遊べます。
- 投げては走って取りにいくことを何度も「繰り返し」遊ぶことで、運動量を増やすことができる遊びです。
- 標的を動くものにすると、いろんな体勢で投げるようになります。ボールがどこに転がるかわからないので、よく見て追いかけるようになります。

★運動会種目へのヒント★

「ふだんから遊んでいる子どもチームとパパママチームとの対決でーす！」という感じはいかがですか？　このとき、上の文章を必ずアナウンスしましょう！

遊びを発展・展開！…広げ方

保育者の工夫 1

遊具や木に的をつるしてそれに当てて遊びます。表裏で的の絵を変えておくと、当てたときに絵が変わるおもしろさで、的をねらって何度も「繰り返し」遊びます。

的当てポンッ！

くる
くる
バン！
それ！
いっちゃった〜！
おさかなのくちをねらうぞ！
先生の背中に当ててごらん！
あてるぞ！まて、まて〜！
あ、なげすぎた！

保育者の工夫 2

保育者を的にして、固定の的から動く的にしてみます。標的が動くので、いろんな体勢で投げるようになり、投げる強さの加減も考えるようになります。

待て！ 待て！ 的ポンッ！

グルグル巻いてマットロール ユ〜ラユラ！ ゴ〜ロゴロ！

用意するもの

マット（3〜4枚）、フープ

子どもの姿から環境づくり

大きな物に身をゆだねながら逆さまになったり揺れたり転がったりして遊べるように、マット3〜4枚を巻いてフープに通し、ロールケーキのようなマットロールを作った。遠くで見ていた子どもたちも集まってきて、ゴロゴロ揺らし始めた。

走るかな？
おうまさんにのってるの。

環境の工夫や援助

地面にもマットを敷いておき、転がることや、逆さになることが抵抗なくできるようにしておく。

メインの遊び

マットロールの上にまたがったり、寝転んだりして揺らす。

こうして遊んだ

- 初めはマットロールの上に寝転んだりまたがったりして楽しんでいたが、そのうち、体を少し傾けて地面を交互にけって左右に揺れて遊び始めた。
- 慣れてくるとマットロールの丸みに体を沿わせて腹ばいになり、足で地面をけったり地面に手をついたりして前後に揺れて遊ぶようになった。
- 上にマットをかぶせて滑り台のようにすると、あおむけや、うつぶせで、足から、頭から、正座して、など、いろいろな姿勢で滑り、さまざまな体の使い方をしぜんとしていた。

「からだ力」パワーアップ！のための遊び方

ゴロゴロ落ちずにがんばってるね。

まるただっこだよ！

タッチ！
さかさまユラユラだ〜！
手をついて戻ってきてね！

保育者の願い・思い & ことばがけ 1

それぞれの揺らし方を認めることで、「繰り返し」楽しむことにつなげたい。

保育者の願い・思い & ことばがけ 2

逆さになる感覚に慣れさせたい。

保育者の願い・思い & ことばがけ 3

マットを子どもたちといっしょに運ぶことで、友達と力を合わせて重い物を運ぶ経験もできるようにしたい。

みんな、運ぶの手伝ってね！
よいしょ！よいしょ！
マットすべりだいつくるんだよね！

ネッコロガリすべりだい！

「からだ力」パワーアップ！ チャレンジ遊び

この活動で育つ「からだ力」

からだ

○体幹○肩周囲○腕

○股関節周囲○脚

うごき

○バランス○リズム

○連結

きもち

○繰り返し○目的○工夫

○緊張○開放感○達成感

ポイント＆次へのステップ

- マットロールのような大きくて柔らかい遊具を使うと、全身をゆだねるような感覚や揺れる感覚、逆さまになる感覚、転がる感覚などが楽しめます。
- 園の環境によっては、太鼓橋や巧技台といった遊具や小山など傾斜のある物と組み合わせると、遊びに変化が生まれます。
- 単体の遊具で十分に慣れ親しみ、その特性を十分に理解できていると、ほかの遊具と組み合わせたときに、「繰り返し」やってみようという意欲が生まれ、3 歳児なりの大胆な遊び方やダイナミックな動きになっていくようです。

★運動会種目へのヒント★

「山越え谷越え～とびつき登り！ W ジャンプでポーズ！」で、障害物競走に！
上の文章を実況アナウンスに取り入れて、保護者に意味を伝えつつ楽しみましょう。

遊びを発展・展開！…広げ方

保育者の工夫 1

マットロールを何本か並べ、上にマットを敷いて山と谷を作り、四つんばいになって上り下りをします。マットロールの大・中・小を工夫して置くと、動きにバリエーションが生まれます。

山越え谷越え

ぼくは、
ライオンあるき！
クマさん
のぼりかな？
はやいね！
さかさ
すべり～！

ワン、ツー
ジャンプ！
バランス
だいせいこう！
やった！

保育者の工夫 2

大・小並べたマットロールの上からマットをかぶせます。大マットには、飛び付いて登り、小マットにはジャンプで降り、さらに地面にジャンプで着地します。そのとき、カッコいいポーズでキメても楽しいです。

飛び付き登り！ W ジャンプ DE ポーズ！

3歳児

待て待て、だいすき！ ぎゅーっと、鬼ごっこ

用意するもの

お面（オオカミ、子ブタ）

子どもの姿から環境づくり

初めは保育者が「○○ちゃんだいすき」とギューッと抱きしめて遊んでいた。

わ〜！
捕まえた！

環境の工夫や援助

ひとりの子どもを追いかけながら、近くにいる子やようすを見ている子も同じように抱きしめていき人数を増やしていく。

メインの遊び

追いかけたり、追いかけられたりしながら走る。

こうして遊んだ

- 子どもとの“抱きしめごっこ”をして、さらに楽しく運動量も増えるように、保育者が子どもを追いかけて抱きしめる“追いかけっこ”にして遊んだ。
- 遊ぶうちに、保育者を追いかけたいという子も出てきて、保育者を追いかける子と、保育者から逃げる子が入り混じった“追いかけっこ”になった。さらに保育者が追いかけ、子どもが一斉に逃げる追いかけっこにもなっていった。
- 存分に追いかけっこを楽しんだら、保育者がオオカミやおばけになって追いかけるなど、お話のイメージを取り入れて遊んだ。

「からだ力」パワーアップ！のための遊び方

待て待て、タッチ
○○ちゃん、だっこだ！
ぎゅう〜
さあ、捕まえるよー！
さあ、次はだれをギュッとしちゃおかな？
せんせい！わたしも つかまえて〜！
わーっ!!
ぼくも、つかまえちゃお！
みんな捕まえちゃえ！
○○ちゃん つかまえちゃうぞ〜！

保育者の願い・思い & ことばがけ 1

ギュッと抱きしめてスキンシップを図り、信頼関係を深めることにつなげたいな！

保育者の願い・思い & ことばがけ 2

ほかの子も、自分もつかまえてほしいと思ったり、保育者や友達の存在を意識したり、いっしょにいる楽しさを感じたりする機会にしたい。

保育者の願い・思い & ことばがけ 3

楽しい雰囲気で、追いかけっこになるようにしたい。

この活動で育つ「からだ力」

からだ

○体幹○肩周囲○腕
○股関節周囲○脚
○心肺系

うごき

○バランス○反応○連結
○定位○変換

きもち

○繰り返し○高揚感
○イメージ

ポイント＆次へのステップ

- 保育者が子どもを抱きしめ捕まえて遊ぶので、スキンシップが図れ信頼関係を深めることにもつなげていけます。
- 追いかけっこの楽しさに加え、怖いお話のイメージを取り入れて遊ぶことで、スリルを味わいながら逃げるおもしろさも味わうことができます。
- はじめは平らな広いところでしますが、慣れてきたら、遊具の間の狭い所を抜けたり、段差や傾斜のあるところも選んで走ったりすることで、追いかけっこを楽しみながら多様な動きや、「バランス」、「連結」能力につながるようにしていきます。

★運動会種目へのヒント★

このまま楽しい親子種目に！
子どもとふれあう楽しさを味わってもらいつつ、上の文章をアナウンスして、保護者にも「からだ力」を！

遊びを発展・展開！…広げ方

オオカミ鬼ごっこ

保育者の工夫 1

オオカミのお面などを用意して、保育者が鬼になって追いかけます。事前に、『3びきのこぶた』のお話をしたりして、オオカミの怖いイメージで逃げることを共有しておきます。

保育者の工夫 2

おうちになる安全地帯を、円などで3つ描いておきます。逃げる子どもは、ワラのおうち→木のおうち→レンガのおうちと次々と入ってレンガのおうちまで逃げ切ればバンザイ！ 逃げ切りチャンピオンです。

ワラのおうち
木のおうち
わっ！
もう、きた！
やった～！
にげきり
チャンピオンだ～！
レンガのおうち

3歳児

ガサゴソ、フワフワでいっぱいの葉っぱのプール作ろう！

用意するもの

子ども用の熊手、段ボール（囲ってプールに）、クラフトテープ

子どもの姿から環境づくり

木の葉がたくさん落ち、子どもが葉っぱに興味を持ち始めたので、熊手を使って集めた。その葉っぱを、囲いの中に入れて葉っぱのプールができるようにした。

落ち葉がいっぱいだよ〜！
ほんとだ！あつめよう！

環境の工夫や援助

落ち葉の感触を存分に確かめて遊んだら、プール以外にも連想できるイメージの話もしてみる。

- 葉っぱの○○温泉
- 葉っぱで雲のカーペット
- 葉っぱのお山

メインの遊び

葉っぱを集めて囲いの中に入れ、葉っぱのプールを作ってその中で遊ぶ。

こうして遊んだ

- プールの中を葉っぱでいっぱいにしたいという気持ちから、張り切って葉っぱ運びを「繰り返し」友達と「競争」しながら、葉っぱのプールを完成していった。
- できた葉っぱのプールの中に入り、葉っぱを投げ上げたり、葉っぱの中に埋もれたりして、思い思いに葉っぱの感触を楽しみながら遊んだ。

「からだ力」パワーアップ！のための遊び方

つかまえるぞ〜！
フワッフワのおやまができた〜！
葉っぱの雪を降らせよう！
たくさん集めてね〜！
たくさん運んでね〜！
ここも、あいてる！いっぱい、いれよ！
わーい！はっぱのプールがかんせいだ〜！

保育者の願い・思い & ことばがけ 1

自然物に触れながら、全身を大きく動かして大胆に遊ばせたい。

保育者の願い・思い & ことばがけ 2

両手でたくさん抱えたり、運んだり、投げ入れたりするときの体勢や動作の工夫をしてほしい。

「からだ力」パワーアップ！ チャレンジ遊び

この活動で育つ「からだ力」

からだ

○体幹○肩周囲○腕
○股関節周囲○脚

うごき

○バランス○連結○識別

きもち

○繰り返し○目的○解放感○高揚感○イメージ○共有○競争

ポイント＆次へのステップ

- 両腕を大きく広げ、大量に葉っぱを抱えて走ったり、プールを作るとき、葉っぱの少ないところに目がけて入れようとして、葉っぱを抱えながら体をひねって投げたりするなど、ふだんあまりしない動きが見られます。また、たくさん入れよう、早く入れようという気持ちから、友達との「競争」の意識も芽生えます。
- 葉っぱの“雪”を降らせたり“山”を作ったりして、３歳児なりに「イメージ」を「共有」して遊べるようになっていきます。
- 自然物に触れながら、さまざまな姿勢で体を大きく動かして遊ぶことができ、「開放感」も味わえます。季節を感じられるこの時期に経験させたい遊びです。

★運動会種目へのヒント★

新聞紙の海からわが子を救出！　ビニールプールのどれかにわが子が！　さあ急げパパレスキュー…なんていかがですか？

遊びを発展・展開！…広げ方

焼きイモコロコロ

保育者の工夫 1

焼きイモになって葉っぱの中にうずくまったり、葉っぱの上を転がったりして「イメージ」を「共有」しながら遊ぶと楽しいでしょう。

焼けたら、ひっくり返そう！
いいにおい♪
あちち！コロコロ〜！

ジャンプ！

ジャンプダイビング

保育者の工夫 2

フワフワに盛った葉っぱの山にジャンプしたり転がったりすると、着地したときに、マットとは違う感触を楽しめたり、足がうずもれるおもしろさを味わうことができます。

保育者の工夫 3

帽子をかぶり、下を向いてダンゴムシのように丸まっている友達を、葉っぱの上から見つけて遊びます。

ダンゴムシさがし

ダンゴムシみっけ！

3歳児 押せ押せ！ マットロール 全力パワーでヨイショ！

用意するもの

マット（3枚）、
フープ（2本）

子どもの姿から環境づくり

重いマットロールを移動させようと、何人かの子どもが押し始めた。ほかの子どもも集まってきて押し合うような遊びになった。

先生と押し合いっこしよう！
まけないぞー！

環境の工夫や援助

- いっしょに対戦したり、応援したりして参加することの楽しさを伝えた。
- 押すときは、低い姿勢で押すように意識させた。

メインの遊び

マットロールを両側から押し合う。

こうして遊んだ

- 初めは1対1で対戦し、低い姿勢で脚を前後に大きく広げて踏んばり、腕はまっすぐ伸ばして思い切り力を入れて押して遊んでいた。
- 子ども同士や保育者と1対1の対戦だけでなく、マットロールの長さに応じて3～4人並ぶこともできるので、チームで対戦することになった。友達といっしょに力を合わせて押すことが楽しくなっていった。

「からだ力」パワーアップ！のための遊び方

おしくらまんじゅう
ヨイショ！
ドッコイショ！

両足開いて
踏んばって！
しっかり
押してね！

保育者の願い・思い & ことばがけ 1

まずはしっかり両手で押すことを覚えたり、そのためには足の踏んばりが必要なことを体得させたい。

保育者の願い・思い & ことばがけ 2

異年齢の子どもたちとも対戦し、力試しができるといいな。

どうだ！
3にんパワーの
ぜんかいだー！

年長さんも
がんばれ！
年少さんも
負けるな～！
ちいさいぐみ
さんには
まけないぞ！
力を合わせて
がんばれ！

保育者の願い・思い & ことばがけ 3

友達と力を合わせることも経験させたい。

「からだ力」パワーアップ！ チャレンジ遊び

この活動で育つ「からだ力」

からだ

○体幹○肩周囲○腕
○股関節周囲○脚

うごき

○バランス○連結

きもち

○目的○挑戦○達成感
○共有○競争

ポイント＆次へのステップ

- 初めは両手だけで思い切り押しているのが、相手の押す力を感じると、全体重をかけてマットロールに対して体を斜めにして肩を入れ“おしくらまんじゅう”のように押し返したり、後ろ向きでおしりや背中で押したり、「脚」を踏んばったりするようになります。重圧に対応する感覚が経験を通して体得でき、体全体や各部位を使って思い切り押す経験ができます。
- 年中児や年長児がやってきて声援を送ったり、異年齢の子どもたちと対戦したりすることで楽しさが増す遊びでもあります。“勝ちたい”とがんばる姿が見られ、「挑戦」する気持ちにもつながります。

★運動会種目へのヒント★

「おにいちゃんおねえちゃんより強いんだ！」としてみては？　年長児が加減しながらも負荷を掛けながら、５メートルほどを押し切る！
ふだんから楽しんでいることを含めて上の文章をうまく実況アナウンスに折り込みましょう。

遊びを発展・展開！…広げ方

パワー全開！グイグイ勝負

保育者の工夫 1

腕や足だけでなく、体のいろんな部位を使って力を込めることができるようにします。

このおしりパワーでどうだー！
やられてる〜！ひとふんばりグイグイいこう！

がんばれ〜！もうひとおしっ！

腰を落として踏んばって！

保育者の工夫 2

P.28で使った太巻マットロールを、細いマットロール２本で挟んで、同様にして押し合いっこをするとダイナミック！

３本ロール勝負！

3歳児 両足仲よくジャンプして トントン越えて行こう！

用意するもの

跳び越し用バー（段ボールや牛乳パックで工夫）、バーを乗せる台（10㎝ほど）、ミニフープ（適宜）

子どもの姿から環境づくり

縄跳びをする年長児にあこがれ、自分たちもやってみたいようすが見られたので、今後の縄跳びの動きにつながるようにジャンプ遊びをした。

環境の工夫や援助

初めは地面にバーを置いて、両足で踏み切って跳ぶことを意識させる。

ひざ仲よしで、バーを踏まずに跳べるかな？
ピョンって、とべるよ！

メインの遊び

ジャンプをし、バーを跳び越していく。（踏み切り、着地ともに両足でする）

こうして遊んだ

- 初めは地面に直接バーを並べて跳び、踏んだりしながらも連続で跳び越せるようになっていった。慣れてくるとバーとバーの間で１回ジャンプを入れるなど、リズムよく跳び越して行く姿が見られた。
- 低いバーが跳べるようになってきたので、バーを台（10㎝ほど）にのせて連続で跳ぶようにすると高くジャンプができるようになっていった。
- ミニフープを並べ、バーと組み合わせて跳ぶなどして遊んだ。

「からだ力」パワーアップ！のための遊び方

りょうあしさん はなれないでね。
両足さん仲よしで ジャンプしてね！
ひざを くっつけて ぴょん！
ふまずに とべたよ～！
３つ続けて 跳べたね！
うさぎさんジャンプ すると、つづけて とべるよ～！
たかいジャンプ ぜんぶ、とべた！ だいせいこう！！
ジャンプ！ ピョン！ ジャンプ！ ピョン！

保育者の願い・思い ＆ ことばがけ 1

両足で踏み切ることを意識させたい。

保育者の願い・思い ＆ ことばがけ 2

できたことの「達成感」を味わわせて次につなげたい。

保育者の願い・思い ＆ ことばがけ 3

地面からしっかり足が離れるように跳ばせたい。

この活動で育つ「からだ力」

からだ

○体幹○肩周囲○腕○脚

うごき

○バランス○リズム
○連結○識別

きもち

○繰り返し○集中○挑戦
○達成感○自信

ポイント＆次へのステップ

- 縄跳びの動きをまねてとぶ“エア縄跳び”では、上体が揺れて、見た目は跳んでいるように見えますが、つま先がほとんど上がっていないことが多いです。縄跳びの前段階と考えるこの活動では、両足を地面からしっかり離し、跳び上がることを意識させることが大切です。
- はじめはバーやミニフープをけ飛ばしたり、踏み切るときや着地時に足がバラつく子がいますが、何回も繰り返すうちに両足で十分に跳び上がり着地できるようになります。
- いきなり長縄跳びをすると、つま先が十分に上がらず縄に引っ掛かる子どもが多いのですが、バーやミニフープを跳び越えてきたコースの最後で長縄を跳ぶと、感覚や調子がつかめるようで、ほとんどの子どもが引っ掛からずに跳べるようになります。しんどくてもがんばったり、ちょっと難しいなと感じることにも「挑戦」したりできる点でも、3歳で経験させたい遊びです。

★運動会種目へのヒント★

サーキット的にとらえて、このまま種目に！

遊びを発展・展開！…広げ方

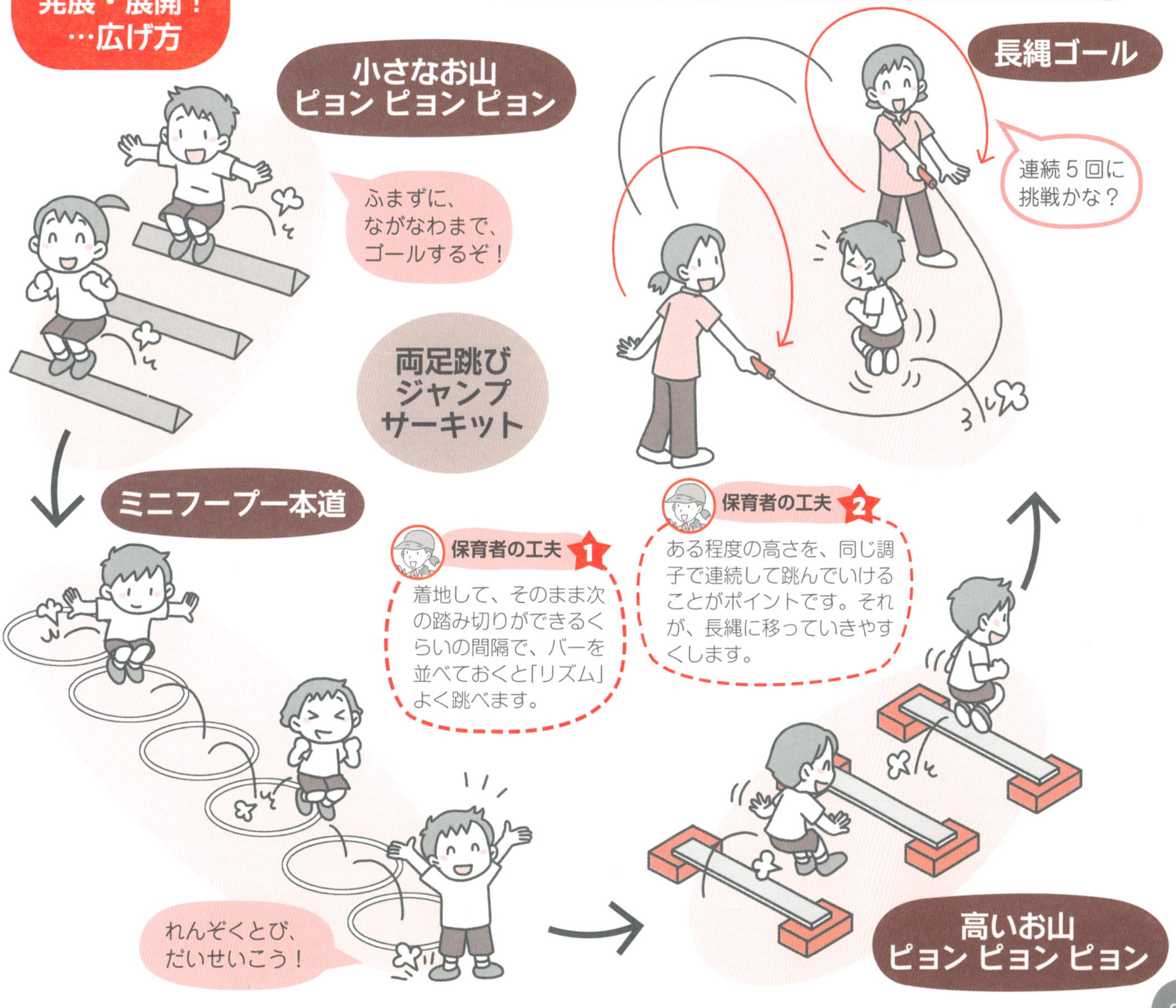

両足跳び
ジャンプ
サーキット
小さなお山
ピョン ピョン ピョン
ふまずに、
ながなわまで、
ゴールするぞ！
ミニフープ一本道
れんぞくとび、
だいせいこう！
高いお山
ピョン ピョン ピョン
長縄ゴール
連続５回に
挑戦かな？

保育者の工夫 1

着地して、そのまま次の踏み切りができるくらいの間隔で、バーを並べておくと「リズム」よく跳べます。

保育者の工夫 2

ある程度の高さを、同じ調子で連続して跳んでいけることがポイントです。それが、長縄に移っていきやすくします。

4歳児 人力エコカーだ、走れ走れ！がんばれバス

用意するもの

段ボール箱、クラフトテープ、ロープ

子どもの姿から環境づくり

友達と遊ぶのが楽しくなってきて、遠足などで乗り物に乗る機会も出てくる時期に用意した。

先生も
乗りたいな！
いいよ〜、
こうたいしよう！
○○ちゃんも
おして〜！

環境の工夫や援助

全身が入る大きさの箱に太めのロープを付けて、引いたり押したりして進むバスを用意する。

メインの遊び

段ボールで作った箱に、入ったり、押したり、引いたりする。

こうして遊んだ

- 初めは平らな場所で乗ったり、押したりして遊んでいた。
- 遊びの要領やおもしろさがわかってくると、傾斜のある場所に持っていって遊んだ。
- バス停を作ったり、競争したりして遊んだ。

「からだ力」パワーアップ！のための遊び方

なかなか
進まないね！
しっかり
踏んばって
押してごらん！

保育者の願い・思い＆ことばがけ 1

しっかり足を踏んばることで、「腕」や「体幹」、「脚」など、体の各部位を十分に動かして遊んでほしい。

○○くんと
いっしょだと
速いね！

保育者の願い・思い＆ことばがけ 2

友達といっしょに力を合わせる楽しさを味わってほしい。

どっちが
速いかな？
がんばれ！
がんばれ！

保育者の願い・思い＆ことばがけ 3

競争することで、少しでも早く進もうと意識し、全身の力がより入るようになる。

がんばれバスの作り方

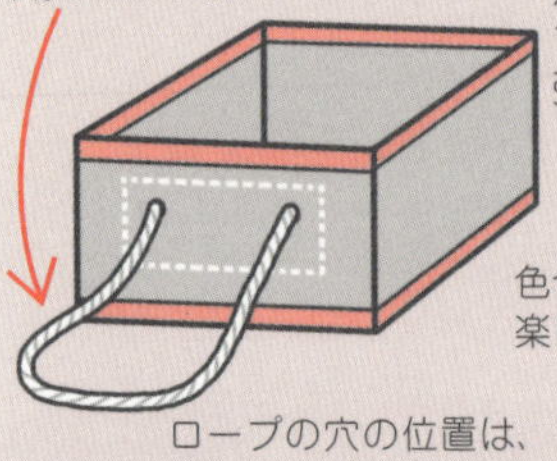
太めのロープ

底面は、段ボールや布粘着テープ、板などで補強。

色や模様で飾ると楽しい。

ロープの穴の位置は、真ん中よりも少し上。
※低すぎると不安定

この活動で育つ「からだ力」

からだ

○体幹○肩周囲○腕
○股関節周囲○脚

うごき

○バランス○連結

きもち

○繰り返し○目的○工夫
○イメージ○競争

ポイント＆次へのステップ

- この遊びでは、日ごろ経験の少ない重いものを動かすことが楽しみながらできます。
- 子どもひとりでもその体重分を乗せてひとりで動かすのはなかなか重くて難しいことです。しかし、見ただけで何をするのかがわかりやすいので、子どもたちをひきつける遊びです。
- 友達といっしょに、全身の力を込めて思い切り押したり引っ張ったり、掛け声をかけ合って進んだりするなど、遊びの中で、協力し合って力を出す経験ができます。
- しっかり前に進もうとすることで、「脚」をグッと踏んばって力を入れたり、中にいる子どもが転ばないように加減したりするなど、力を調節する感覚も育ちます。
- 中に入っている子ども自身も転ばないように、「バランス」を取りながら揺れる楽しさを味わうことができます。

★運動会種目へのヒント★

「おにいちゃんおねえちゃんがんばれバス」「親子でがんばれバス」「力を合わせてがんばれバス」などなど…。

遊びを発展・展開！…広げ方

保育者の工夫

お客さんを乗せて、好きな駅まで走ります。がんばれバスが走りやすいように、室内のフラットな床の環境のほうがスピードが出ます。

行きたい駅までがんばりま〜す！
どちらまで、いきますか？
平均台橋駅
わーい、きたー！
つみきのおしろえき
おねがいしま〜す！
バス、のりませんか〜？
積み木のお城駅
とうちゃく〜！
は〜い！
「とびばこやま」までいってください。
とび箱山駅
とびばこやまえき
まっとのおかえき
マットの丘駅

4歳児 ダイナミックに楽しもう！ バランスボール遊び

用意するもの

バランスボール…子どもが座ったときにひざが90度に曲がり、靴底がしっかり地面に着く程度の大きさ。

子どもの姿から環境づくり

バランスボールを触ったり転がしたりする姿から、保育者と手を取り合って全体重を掛けてボールの上に座ったり、全身を預けておなかで支えるようにして乗る遊びにつなげる。

ユラユラ動いて楽しいね！
おもしろい！きもちいい！

環境の工夫や援助

初めは数個のボールを用意し、慣れてきたころに個数を増やし、友達同士で遊べるようにする。

メインの遊び

バランスボールに乗ったりはねたりして遊ぶ。また、投げたり、両腕で持ちながら平均台などの上を歩いて渡ったりする。

こうして遊んだ

- 保育者と手を取り合ってバランスボールに座ったりはねたりし、慣れたらひとりで同様にした。
- バランスボールに座ったまま足を地面から離した。
- バランスボールに全身を預けて乗ったり、友達と手をつないでバランスボールに座ったり、全身を預けて乗ったりして楽しんだ。
- バランスボールを両腕でつかむ、投げる、的に当てた。
- バランスボールを抱えて平均台の上などを歩いた。

「からだ力」パワーアップ！のための遊び方

今度は手を離すよ！
グラグラするけど
怖くないよね？
だいじょうぶ！
バランス
とれるよ！

ユラユラだ〜、
きもちいいね〜！
みて！ あし、
あげてみたよ！

保育者の願い・思い & ことばがけ 1

不安定なものに体をゆだねることで「体幹」の動きが誘発される。体をあずけることの不安を取り除き、楽しくバランスボールで遊べるように、初めは手を取ったり、いっしょに遊んだりしたい。

保育者の願い・思い & ことばがけ 2

足を地面から離したり、友達同士で手をつないだりして遊ぶ姿を積極的に認めたいな。

おそらを
とんでるみたい！

すごい！
4人手つなぎ
バランスだね〜！
て、はなしちゃ
ダメだよ！
"せーの"で
あし、あげてみよう！
つぎは
5にんで
してみようか？

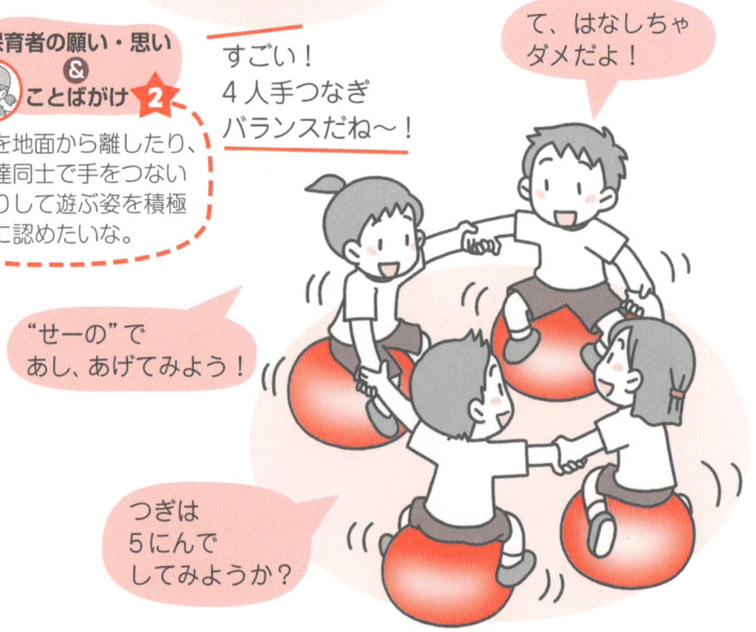

「からだ力」パワーアップ！ チャレンジ遊び

この活動で育つ「からだ力」

からだ

○体幹○肩周囲○腕
○股関節周囲○脚

うごき

○バランス○リズム
○反応○連結○識別

きもち

○繰り返し○めあて・目的○開放感○高揚感○達成感・自信○共感・共有

ポイント＆次へのステップ

- 保育者といっしょに大きなボールを使って大胆に遊ぶことで、緊張感がほぐれていくとともに、保育者との信頼関係も強まります。
- ひとりで不安な子どもには、保育者がいっしょに遊ぶことで、座るとグラグラする不安定な揺れを、バランスボール独特のおもしろ味や心地良い感覚として伝えられるようにします。
- 両足を地面から離したり、子どもが考えた座り方やそり方を認め、楽しく「バランス」感覚が身につくようにします。
- 思わぬ方向に体が動くので、スリルを感じたり、「高揚感」を高めたりできます。
- 体よりも大きなものを操作（持ち上げたり投げたり）することで、体全体の大きな動きにつながっていきます。

★運動会種目へのヒント★

バランスボールを取り入れたマスゲームも「あり」かも。ふだんの姿をアナウンスしながら。

遊びを発展・展開！…広げ方

保育者の工夫 1

両腕でやっと持てる大きさなので、投げるときは、体全体をしならせるようにして投げます。友達との当て合いっこは、当たったときの踏んばる力が必要となり、足や体幹の力が養われます。

当て合いっこしよう！

へっちゃら！

保育者の工夫 3

平均台の上をバランスボールを抱えながら、落ちずに渡りきる遊びです。“おむすびコロコロ”や“迷路脱出だ！”とつなげてコースにしても楽しめます。

山道トコトコ落ちたらダメよ！

だいじょうぶ、
ゆっくりね！

ゴール！

保育者の工夫 2

サークルを工夫して迷路を作り、バランスボールを手で転がして通り抜ける遊びです。

迷路脱出だ！

保育者の工夫 4

巧技台に板を渡してすべり台にし、その上からボールを転がします。横から落下しないよう、まっすぐ落とすようにします。

おむすびコロコロ

4歳児 逃げきるか!? つかまるか!? スリル満点おばけごっこ

用意するもの

巧技台、平均台、マット、ブロック

子どもの姿から環境づくり

おばけ屋敷を作っておばけになって遊んでいる姿が見られたので、数人の子どもたちといっしょにおばけ屋敷に遊びに行き、おばけごっこをして遊んだ。

おばけがきたって！おうちへにげよう！
ここならあんぜんだ！

環境の工夫や援助

- 体の動きが大きくなるように大きめの遊具を用意する。
- おばけ屋敷と安全地帯（おうち）を離れた場所に作る。

メインの遊び

おばけ役と逃げる役に分かれて、追いかけたり捕まえられたりする。

こうして遊んだ

- 巧技台や平均台でおばけ屋敷を作った。
- おばけになって巧技台や平均台に乗ったりくぐったりした。
- 「おばけが出た」の合図で逃げたり、追いかけたりした。
- いろいろなものをまたいだり、よけたりしながら逃げたり、追いかけたりした。
- 安全地帯（逃げ込む場所）を作った。
- 追いかけて友達を捕まえた。
- 捕まえられた友達を、鍵を使って助けた。

「からだ力」パワーアップ！のための遊び方

ここもぬけてにげられるよ！
おばけ屋敷を作ってる！みんなで行ってみようよ！
とにかくおおきくってこわい所だよね。

保育者の願い・思い & ことばがけ 1

みんなで協力して、おばけ屋敷を作ってるみたいだけど、イメージが共有できるかな？　遊びが発展するといいな。

保育者の願い・思い & ことばがけ 2

おばけ屋敷で、登ったり、またいだり、隠れたりしやすく、体を大きく動かす動きができるようにしたい。大きな道具が必要になるが、保育者もいっしょに運んで、持ち方の見本を見せよう。

持つ場所を考えて運んでね！

保育者の願い・思い & ことばがけ 3

大きな道具を移動するとき、体の部位のどこに力を入れるか、また、友達とどう協力すると運びやすいかなどを知らせたい。

できた！
おばけだ
たすけて～！
おばけやしきは、どこかな？

おばけ屋敷作りからおばけごっこへ　おばけ屋敷に行く→おばけが出てくる→逃げる

この活動で育つ「からだ力」

からだ

○体幹○肩周囲○腕○股関節周囲○脚○心肺系

うごき

○バランス○反応○連結
○定位○変換

きもち

○繰り返し○集中・緊張
○高揚感○イメージ・模倣
○なりきる○共感・共有

ポイント＆次へのステップ

- おばけやおばけ屋敷を怖がるような雰囲気を盛り上げることで、仲間とおばけ屋敷のイメージが共有でき、捕まるかもしれないという緊張感を抱きながら何度も繰り返し楽しむことができます。
- 大きい遊具を用いることで、次第に体の動きも大きくなっていきます。
- おばけ屋敷と安全地帯を離れた場所に作ることで、その間にあるさまざまな物や友達をよけて走る機会が生まれます。
- 合図で逃げるというルールにすることで、平坦な所でする通常の鬼ごっこよりも、さまざまな場所や体勢から、とっさに「反応」して逃げる経験ができます。

★運動会種目へのヒント★

「おばけに会ったら、さあ逃げろ！など、思わず走りださずにいられないワクワクドキドキが、全身運動を誘いますね…。」
などと、アナウンスして、大人（逃げる）を捕まえる親子種目に…。

遊びを発展・展開！…広げ方

おばけ屋敷救出大作戦！

保育者の工夫

「おばけごっこ」に、おうち（安全地帯）と鍵（おもちゃやブロックなど）の要素を加えた遊びです。おうちからおばけ屋敷に冒険に行く設定で、おばけ役と逃げる役を決めて遊びます。捕まった子に鍵を手渡して救出できるなどのルールで、機敏な動きや作戦を考えるといった工夫が必要となり、遊びをより高度におもしろくしています。

鍵（お助けアイテム）

かぎで、はやく○○ちゃんをたすけにいこう！

おばけがでたぞー！
おっとにがさないぞ！
ここにいればだいじょうぶね！
よし！ここはこうしてクルッとまわってにげよう！
つぎはぼくたちがたすけにいこう！

4歳児

まねっこしてからはじめよう！ 仲よし鬼ごっこ

用意するもの

カラー帽子、ライン引き

子どもの姿から環境づくり

追いかけっこをして遊ぶ姿や、友達とのかかわりが増えてきた時期に、特定の友達と２人組を作って遊ぶ、追いかけっこを提案した。

鬼ごっこして遊んだら？
○○くんが、おいかけてくるの！

環境の工夫や援助

特定の相手がいることの安心感のなかで、鬼ごっこが楽しめるようにし、活動への意欲も高まるように雰囲気づくりや援助をする。

メインの遊び

ペアを組んで鬼ごっこをして遊ぶ。

こうして遊んだ

- 仲よしの友達と２人組を作った。
- 交代で、ポーズをまねっこして遊んだ。
- 場所を限定して鬼ごっこをした。
- ２人組のうち１人が帽子をかぶり鬼ごっこをし、タッチをされたら帽子を渡して、鬼の交代をして遊んだ。

「からだ力」パワーアップ！のための遊び方

おおきな　き

ロケット
ビューン！
まねっこ、
まねっこ１・２・３！

保育者の願い・思い & ことばがけ 1

２人で向き合って、お互いがするポーズをまねることで、緊張がほぐれ、親近感や安心感が生まれるといいな。

保育者の願い・思い & ことばがけ 2

帽子をかぶると鬼になって追いかける。かぶらないときは逃げる。という役割が明確になり、鬼ごっこのおもしろさがわかることで、積極的な動きにつながるといいな。

帽子をもらったら
５秒数えてから
追いかけよう！

ここまで、
おいで～！

にげろ～！
きゃ～！
タッチされる～！
はい、つぎおに
どーぞ！

この活動で育つ「からだ力」

からだ

○体幹○肩周囲○腕
○股関節周囲○脚
○心肺系

うごき

○反応○連結○定位
○変換

きもち

○繰り返し○集中・緊張・挑戦○高揚感○爽快感

ポイント＆次へのステップ

- 鬼ごっこの経験が少ない時期に、多人数で遊ぶふだんの鬼ごっこでは、みんなとする雰囲気は楽しめても、ただ走っているだけの子も少なくありません。１対１でする鬼ごっこは、対象がはっきりし、ルールが理解しやすく、鬼ごっこ本来の動きにつながり楽しんで遊べるようです。
- ペアになって、追う人、追われる人の関係が特定されることで、追いつきたい、逃げ切りたいという気持ちがより高まり、繰り返し走る動きにつながります。
- 場所を限定すると、常に相手を確認できることで追いかけやすく、また相手の動きに「反応」して、とっさに走る方向を変えたりする動きが増え「変換」につながります。

★運動会種目へのヒント★

左ページの「保育者の願い・思い＆ことばがけ１」をアナウンスに取り入れて、親子種目にしてみては？

遊びを発展・展開！…広げ方

あんぜんちたいに
にげられた〜！
ぼく、
おっかけだ！
ありちゃん！

保育者の工夫 1

２人ペアで遊びます。保育者は、「帽子！ 帽子！ 逃げる子〜“ありちゃん！”」と言うと、帽子をかぶっている子が逃げて、かぶっていない子が追いかけ、安全地帯ラインまでで勝負を決めます。「帽子！ 帽子！ 追っかけ〜“ありちゃん”！」の掛け声のパターンも楽しみます。頭の切り替えが動きの判断につながる楽しい遊びです。

★“あり、なし”は、帽子あり、帽子なしの意味。

“ありちゃん”どっち!? 逃げる？ 追っかける？

かたまれー！
ピタッ

アイスマジック“固まれ〜！”

保育者の工夫 3

２人ペアの鬼ごっこです。鬼ごっこの間に１回だけ、相手の子どもに『アイスマジック』を掛けることができます。“固まれ〜！”と言われると、その場を動いてはいけません。５〜10秒を目安にルールを決めます。ペア間の体力や運動能力の開きをカバーした鬼ごっこが楽しめます。

4歳児

バシャバシャ、ザバザバ！プールで遊ぼう！

用意するもの

ホース、ボール、カゴ
プラスチック板、

子どもの姿から環境づくり

プール遊びを始めると、抵抗感なくどんどん遊べる子と、水を怖がってなかなか遊べない子がいた。水の量を調整するなどして、楽しく遊びながら水に慣れていけるように工夫していった。

わっ！
にげろ！にげろ～！
水掛けちゃうぞ～！

環境の工夫や援助

ある程度慣れるまでは、プール全体の水の量は少ない目にしておき、その中で思い切り遊べるようにする。

メインの遊び

プールの中で、歩いたり、走ったり、潜ったりして遊ぶ。

こうして遊んだ

- 保育者が鬼になり、"水掛け鬼ごっこ"をした。
- 水中で"だるまさんがころんだ"をした。
- "ワニ歩き"や"カメ歩き"をした。
- 水の中を這いながら、ホースくぐりをした。
- プールの四隅にカラー粘着テープをはり、保育者が指定した色の所まで移動した。
- プラスチック片を沈めて、宝探しをした。

「からだ力」パワーアップ！のための遊び方

水かけ鬼ごっこ

わー！
かかったけど、
へいきだ～い！
鬼に水を掛けられたらアウト！
潜ればセーフ！

保育者の願い・思い & ことばがけ 1

鬼ごっこに水掛けごっこがプラスされ、逃げるおもしろさが倍増。水への苦手意識もしぜんに解消されるといいな。

だるまさんがころんだ

ころんじゃうよ～！
"ころんだ！"で、ユラユラしてない？
しゃがんでいたらセーフ！
おっとっとっと！うごいてないよ！
肩までつかっていたらセーフ！
だ！
だ・る・ま・さ・ん・が・こ・ろ・ん

保育者の願い・思い & ことばがけ 2

ふだんの同じ遊びでも、水中では要領が違う。水の負荷をうまく利用して、体の各部位を動かし運動の強化につなげたい。大きく動いたり、急な制止も効果がありそうだ。

保育者の願い・思い & ことばがけ 3

"ころんだ"のところで水に慣れるアイディアも工夫してみよう。

この活動で育つ「からだ力」

からだ

○体幹○肩周囲○腕○股関節周囲○脚○心肺系

うごき

○バランス○反応○連結○定位

きもち

○繰り返し○めあて・目的○集中・緊張・挑戦○開放感○高揚感○共感・共有○競争

ポイント＆次へのステップ

- プールでは、まず最初水に慣れる遊びをします。道具のいらない“水掛け鬼ごっこ”や“だるまさんがころんだ”などがよいでしょう。ふだんの遊びとのギャップや、水中の動きの制限もかえって遊びをおもしろくし、顔に水がかかってもしぜんに気にならなくなっていきます。
- プールを川に見たてて、“ワニ”“カメ”などの水中の生き物になって歩く。また、洗たく機に見立てて、水の流れに身を任せる遊びもおもしろがって子どもは喜びます。
- ホースを用いた遊びでは、具体的な高さを示すことができるので、自分がどのくらい深く水につかることができるかの目標がわかり励みになります。
- ボール遊びや宝探しのアイテムは、手に取りやすい大きさやカラフルなものを選ぶことも大切。“集めたい”“捜したい”といった動機や「繰り返し」やってみたい意欲につながります。

運動会種目へのヒント

夏、プールでの楽しさを思い出して、
「水中遊泳」がテーマの演技種目にしてはいかがですか？

遊びを発展・展開！…広げ方

保育者の工夫 1

水中に沈めたプラスチック片や色を塗った石（宝）を潜って見つける遊びです。タイムを制限したり、チームに分かれてゲームのように競うと、より楽しめます。

水中宝探し

たからもの
はっけん～！

保育者の工夫 2

ホースの高さを徐々に下げていき、ホースに触れないで通り抜ける遊びです。最後は潜って、潜水艦ができるとバンザイ！

ホースくぐり潜水艦

○○くんも
潜水艦やってみる？

保育者の工夫 3

保育者がプールの四隅にあるテープの色を次々と宣言し、そこへ目指して移動していく遊びです。慣れたら、ワニやカメ、サカナになって移動します。※水の量は都度調整。

引っ越し遊び

あか！

4歳児 回す、転がす、とび越える カラフルフープで遊ぼう！

用意するもの

フープ

子どもの姿から環境づくり

フープは軽く手に取りやすいので、さまざまに動かしたり回したりして遊んでいた。その姿から、いろんな色からイメージを膨らませ、「くだものなあに」の遊びになるよう援助した。

フープって、いろいろ遊べそうだね！
どうやってあそぼうかな？

環境の工夫や援助

- 初めは保育者が積極的に転がすことで、走る回数を多く、また思い切り走れるようにする。
- フープに慣れてきたら、子どもも転がし、あまり距離は進まないが、思わぬ方向に曲がるフープの動きに反応する機会が生まれるようにする。

メインの遊び

フープを転がしたり、追いかけたりする。

こうして遊んだ

- フープをハンドルに見たててバスごっこや中に入って電車ごっこをした。
- 並べたフープをジャンプして進んだ。
- 保育者や子どもが転がしたフープを、追いかけて取った。
- 「くだものなあに」の子どもの掛け声で、転がす人が、フープの色からイメージした果物の名前を呼び、そのフープの色を取って遊んだ。

「からだ力」パワーアップ！のための遊び方

わたしはでんしゃよ！だれか、うしろにつながって！
バスだよ。おきゃくさんをまってるの！

車の運転ね。何に乗ってるのかな？

保育者の願い・思い & ことばがけ 1

フープを自由に持たせてみたら、ハンドルに見たててバスごっこが始まった。フープという遊具になじむためにも、そこから何か遊びが発展できればいいな。

保育者の願い・思い & ことばがけ 2

フープを転がして追いかける遊びをした。フープの不規則な動きを見定めて走ったり、止まって倒れるまでにキャッチしたりなど、フープの動きに合わせて対応できるようになってほしいな。

さー、どこに転がるかな？ちゃんと、取れるかな？

それ！

この活動で育つ「からだ力」

からだ
○体幹○肩周囲○腕○脚

うごき
○リズム○反応○連結
○定位○識別

きもち
○繰り返し○めあて
○集中○イメージ○刺激

ポイント＆次へのステップ

- カラフルな遊具なので子どもたちの興味を引き、取り付きやすいです。
- 多様な遊び方ができるので、子どもの発想を大事にしながら遊びを広げられます。
- フープは、ボールよりもゆっくり転がり、追いかけてつかむことが容易にできます。一方、スピードが一定ではなく、方向も定まらず、途中で倒れるなど、ボールの動きよりも予測がつかないので、フープの動きに合わせて動くことで、より、「反応」や「識別」、「変換」などのコーディネーション能力につながると考えられます。

★運動会種目へのヒント★

この本の全てのページに保育者の実践知が詰まっています！　奇をてらわず、このまま種目にして、保育者がどれだけ子どもたちのことを考えて、それを楽しい遊びとして提供しているか、運動会に生かすなかで、伝えていきたいですね。

遊びを発展・展開！…広げ方

フープ色のくだものなあに？

保育者の工夫 1

子どもの掛け声で保育者は、違った色のフープを数本同時に転がします。色のイメージから、例えば保育者が「イチゴ」と言うと、子どもは赤いフープをキャッチする遊びです。何人かで競争して取り合いっこをしても楽しめます。

くだものなあに!?
イチゴ!

ドンドンのびるフープ迷路

←ここでしゃがむ
初めは ピョンピョン
↑ここで ケンケン

保育者の工夫 2

大小のフープを使って作った迷路をジャンプしていきます。途中、色で区別したフープのところで、約束のポーズをします。最後は持っていたフープを置きます。次々とフープの迷路が延びていく遊びです。

4歳児 坂道ならもっと楽しいよ！キャタピラ遊び

用意するもの

段ボール、クラフトテープ

子どもの姿から環境づくり

全身を使ってダイナミックな動きができるように段ボールで作ったキャタピラを用意した。

押して
進んでね～！
しゅっぱつ、
ゴー！

環境の工夫や援助

慣れてきたら傾斜のあるところに誘ったり、友達といっしょに中に入ることを提案したりする。

メインの遊び

段ボールで作ったキャタピラに入って転がって遊ぶ。

こうして遊んだ

- 初めは、平らな場所で前へ進んで遊んだ。
- 慣れてくると、傾斜のある場所に持っていき、進んだり転がったりして遊んだ。
- ひとりで入って遊ぶだけではなく、友達数人で入って遊んだり、転がり方を工夫して遊ぶようになった。

「からだ力」パワーアップ！のための遊び方

ダンゴムシみたいね。
どこまで行けるかな？

保育者の願い・思い & ことばがけ 1

前進するために、次々手足を動かして進む虫や動物に見たてたことばがけをしたり、保育者が見本になって遊んだりして、子どもの体のなめらかな動き（「連結」）を引き出すようにしたい。

坂道は
ドンドン滑るよ！

保育者の願い・思い & ことばがけ 2

力を入れなくても転がり、勢いがついてスリルを味わえるような、少し急な斜面の所で遊ぶことを提案してみる。

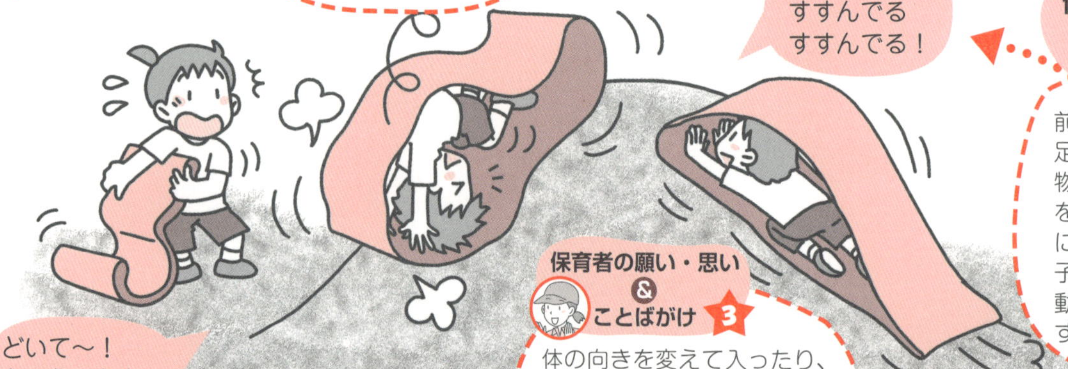
おっ！
すすんでる
すすんでる！
どいて～！
きゅうこうか
キャタピラだ！

保育者の願い・思い & ことばがけ 3

体の向きを変えて入ったり、友達といっしょにキャタピラに入ると、加速して遊びがダイナミックになる。スピードが増すと、転がる途中でキャタピラから体がほうり出されたりもする。スリルや「爽快感」が「繰り返し」につながるようになってほしい。

次はだれと
入るのかな？
お友達と入ると
ドキドキして
楽しいね！

わーい、
とびだし
ちゃったー！

「からだ力」パワーアップ！ チャレンジ遊び

この活動で育つ「からだ力」

からだ

○体幹○肩周囲○腕
○股関節周囲○脚

うごき

○バランス○連結

きもち

○繰り返し○目的○工夫
○緊張○挑戦○開放感
○高揚感○競争

ポイント＆次へのステップ

- キャタピラのような、体重をかけるとスピードが出る遊びは、適度な「緊張」感やスリル、「繰り返し」たくなる気持ちを生みます。
- 遊び方が単純でわかりやすい道具なので、4歳児なりの遊びの工夫がしやすく、子どものさまざまな動きを誘発することができます。
- 体の向きを変えたり、2～3人で入ったりと、遊び方を自分たちで工夫していくたびに、その変化にともなって、新たな体の動きや重心の移動が見られます。
- 大きなキャタピラを用意すると3～5人でいっしょに入ることができ、友達と進んでいくタイミングを合わせたり、体の動きを調整したりする力が育ちます。

★運動会種目へのヒント★

「穴掘り前進！モグラ競争」は、そのまま使えます！

遊びを発展・展開！…広げ方

保育者の工夫 1

キャタピラを前進させ、進み具合を競う遊びです。タイムを決めて競ったり、また、スタートを決めてゴールまで競争したりしても楽しめます。

穴掘り前進！モグラ競争

保育者の工夫 2

キャタピラの中に寝転がって横に進んでいきます。

転がれ！ゴロゴロ大根

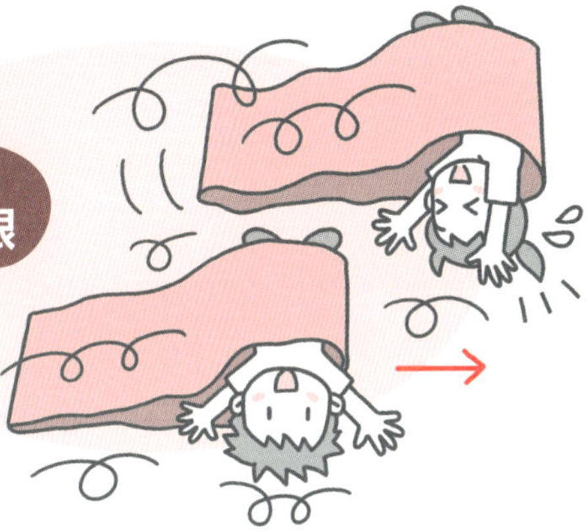

行け、行け！倒せ！大型キャタピラ

保育者の工夫 3

大型キャタピラに3～5人入ってコースを進んでいく遊びです。コースの最後では、段ボールで作った壁を倒します。進み具合の力のバランスや方向感覚が、友達との連携の中で身につきます。

みえないよ～！
ほんとうだ～！
ヨイショ！ヨイショ
ここまできたんだ！
もうじきだ！あてるぞ～！
あたったー！バンザーイ！

4歳児 かけっこが大好きになる！コースやバトンの工夫アレコレ

用意するもの

コーナーポスト、バトンになるもの（布玉など）、ベンチ

子どもの姿から環境づくり

走ったり、追いかけたりして遊ぶ姿が見られたので、コーナーポストを目標に走ることを提案する。また、友達とつながり、継続して遊べるようにバトンを用意した。

これで、リレーしてみよう！
やりた〜い！

環境の工夫や援助

- コーナーポストは、自分たちで場所を変えられるよう、数を増やしておく。
- 順番を待つ間も、走っている友達に関心が持てたり、共有している場の意識が持てるように、待機用のベンチを置く。
- バトンは、リレーの連携目的だけでなく、早く渡したくなるような動機となるようなイメージの提案をする。

メインの遊び

自分たちでコースを作り、かけっこをして遊ぶ。

こうして遊んだ

- 友達とコーナーポストを目がけて走った。
- いろんな走り方ができるよう、コーナーポストの並べ方を工夫して楽しんだ。
- 友達２〜３人のチームをつくり、走っている友達をベンチで待っていたりした。
- バトンを何かに見たてて、走る目的や動機をイメージして走る。ごっこ遊びや動物にもなりきりながら遊んだ。

「からだ力」パワーアップ！のための遊び方

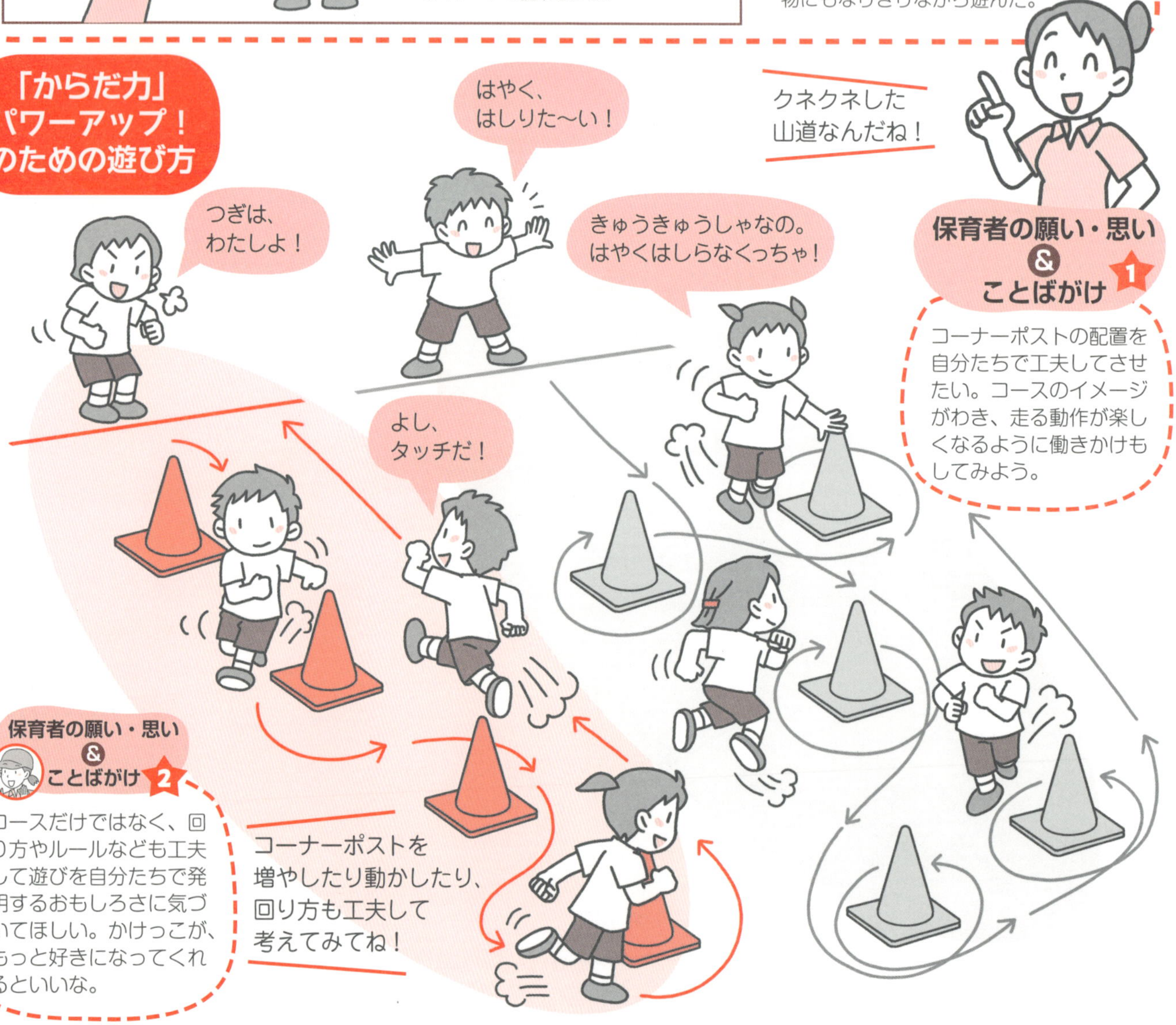

クネクネした山道なんだね！
はやく、はしりた〜い！
つぎは、わたしよ！
きゅうきゅうしゃなの。はやくはしらなくっちゃ！
よし、タッチだ！
コーナーポストを増やしたり動かしたり、回り方も工夫して考えてみてね！

保育者の願い・思い ＆ ことばがけ 1

コーナーポストの配置を自分たちで工夫してさせたい。コースのイメージがわき、走る動作が楽しくなるように働きかけもしてみよう。

保育者の願い・思い ＆ ことばがけ 2

コースだけではなく、回り方やルールなども工夫して遊びを自分たちで発明するおもしろさに気づいてほしい。かけっこが、もっと好きになってくれるといいな。

この活動で育つ「からだ力」

からだ

○体幹○肩周囲○腕○股関節周囲○脚○心肺系

うごき

○バランス○反応○連結○定位○変換

きもち

○繰り返し○めあて・目的○工夫・試行錯誤○高揚感○爽快感○刺激・憧れ○共感・共有○競争

ポイント＆次へのステップ

- 走るコースや走り方など、簡単なルールを自分たちで考えられる楽しさがあります。
- バトンの代わりに、見たてやすいものを使うことで、走る遊びにおもしろさがプラスされて、「繰り返し」遊びたい気持ちにつながります。
- 勝敗にとらわれずに何度でも遊ぶことができます。「繰り返し」遊ぶことで、体の重心の移動やなめらかな体の動きがしぜんに身についていきます。

★運動会種目へのヒント★

走ること、それを繰り返すことが楽しくなりますね。
「アイスが溶けちゃう！」イメージが、しぜんと速く走ろうとする気持ちにさせます。
運動会ではそのきっかけになるような、種目を考えたいですね。これはピッタリかも！

遊びを発展・展開！…広げ方

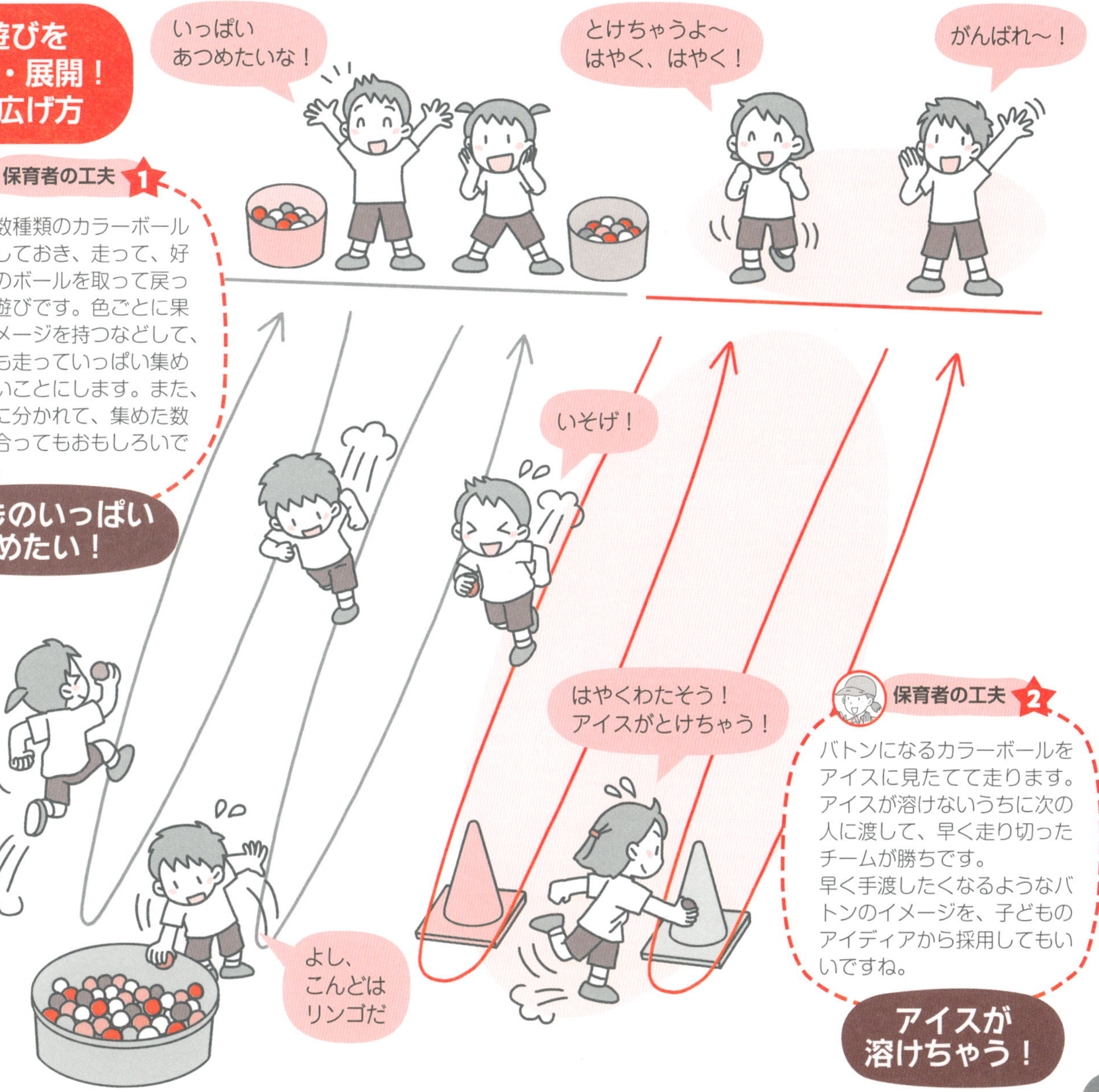
いっぱいあつめたいな！
とけちゃうよ〜 はやく、はやく！
がんばれ〜！
いそげ！
はやくわたそう！ アイスがとけちゃう！
よし、こんどはリンゴだ

保育者の工夫 1

カゴに数種類のカラーボールを用意しておき、走って、好きな色のボールを取って戻ってくる遊びです。色ごとに果物のイメージを持つなどして、何度でも走っていっぱい集めてもよいことにします。また、チームに分かれて、集めた数を競い合ってもおもしろいでしょう。

くだものいっぱい集めたい！

保育者の工夫 2

バトンになるカラーボールをアイスに見たてて走ります。アイスが溶けないうちに次の人に渡して、早く走り切ったチームが勝ちです。
早く手渡したくなるようなバトンのイメージを、子どものアイディアから採用してもいいですね。

アイスが溶けちゃう！

4歳児 遊び駅で停車しま〜す！縄跳び電車でゴー！

用意するもの

短縄跳び、駅の目印になるもの（コーナーポストなど）、駅で遊ぶもの（遊具やおもちゃ）

子どもの姿から環境づくり

縄で遊び始めたので、友達と楽しく遊べるように電車ごっこを提案した。

お友達も乗せて
お出かけしようよ！

そうだね、
たのしそう！

環境の工夫や援助

- 園庭や室内のさまざまな場所に、遊びで使う遊具や道具を置いて駅を作り、遊びを駅名にしておく。
- 駅作りは、保育者が手伝いながら子どもたちでする。
- 駅名は、子どもたちがその遊びをより楽しめるような名前にする。

メインの遊び

縄をつないで電車に見たてて、乗って遊ぶ。

こうして遊んだ

- 縄で電車ごっこをしながら、駅に見たてたいろんな場所に行った。
- 着いた駅で、友達といっしょに、その場所の遊具で遊んだ。

「からだ力」パワーアップ！のための遊び方

すってんころりん山

"すってんころりん山"で遊ぼうよ〜！でも、転ばないで登ってね！

保育者の願い・思い ＆ ことばがけ 1

珍しい駅名や楽しい名前に「刺激」され、ふだんの遊び場が新鮮に見えて、喜んで遊んでいる。

穴ボコ砂場

今度はザクザク踏んでね！

保育者の願い・思い ＆ ことばがけ 2

数人でいっしょに乗って、いろんな場所を回ることで、スピードやリズムを合わせたり「バランス」を保つ力が付いたりするといいな。

みんなのスピード合わせてる？

後ろと前でゴッツンコしないでね！

くぐって！ 鉄棒

サクサク、柵越え！

一本橋細道

「からだ力」パワーアップ！ チャレンジ遊び

この活動で育つ「からだ力」

からだ
○体幹○肩周囲○腕○股関節周囲○脚

うごき
○バランス○リズム○連結○識別

きもち
○繰り返し○めあて○集中○達成感○イメージ○刺激○共感

ポイント＆次へのステップ

- 友達関係ができてきた時期には、この遊びでさらにたくさんの友達にかかわることができ楽しめます。
- 電車ごっこをして遊ぶことと、停まった駅では違う遊びが待っていることの、ダブルの楽しみが経験できます。駅名が遊びをさらに楽しくし、ふだんその遊びをしたり、遊具で遊ばない子どもも、停車したときに遊ぶきっかけになっていきます。
- 電車を急行や特急にしたりという、子どもたちから出てきたアイディアが多様な動きにつながります。電車が動く状況を「イメージ」して、友達とくっついたり、体を傾けたりすることで「リズム」よく足を動かしたり、「バランス」を取りながら体勢を保ったりする力がつきます。

★運動会種目へのヒント★

電車ごっこがこんなに広がる！ということを、運動会の前にお便りなどで紹介したうえで、当日の親子種目に！

遊びを発展・展開！…広げ方

保育者の工夫 1

仲よしの友達といっしょに縄跳び電車で、いろんな遊具の場所に行って遊びます。日ごろ苦手な遊具でも、電車の楽しい雰囲気をきっかけに、挑戦する気持ちになるでしょう。

保育者の工夫 2

行く場所を、カードのクジを引いて決めても楽しいでしょう。

縄跳びめぐり遊び駅
○○○えき
△○□□△▽えき
○△△えき
えきかーど
〜えき
てっぺんいい気持ち！ジャングルジム駅
お楽しみ！どこ行こ電車
さー、しゅっぱ〜つ！
おっこちないで！登り棒駅
さかさま鉄棒駅
こんにちは鉄棒駅

4歳児

縄跳びが大好きになる！楽しい縄遊び

用意するもの

短縄、ビニールテープ、技の名前を書いたボード

子どもの姿から環境づくり

縄をつなげて電車にしたり、ヘビなどにして遊ぶ姿が見られた。縄の扱いに慣れ、跳ぶことや回すことに興味が出始めたころ、具体的な「めあて」が持てるように、技を書いたボードを用意した。

縄でウネウネ〜、何に見える？
ヘビみたいだしなみ、みたいだね！

環境の工夫や援助

「なわとびできるかな?」ボードは、それぞれ各自が自分のペースで技に挑戦できるように工夫する。

メインの遊び

縄を使って、いろいろな遊びをしながら、縄に親しんだり、慣れたりして、前跳びの前段階の遊びをする。

こうして遊んだ

- 初めは、縄に十分に慣れるよう、保育者もいっしょになって、縄を手にして遊んだり、ヘビや電車に見たてて遊んだりした。
- 次第に、いろんな技に挑戦するようになり、新しい技を考えたりして遊びながら、前跳びができるようになった。

「からだ力」パワーアップ！のための遊び方

キャ〜！
食べられる〜！
ピョーン！

ヘビだぞ〜！食べられないようにジャンプしてよけてね！

保育者の願い・思い & ことばがけ 1

縄の特性を生かしてイメージを膨らませ、縄に親しんだり、慣れたりしてほしい。

イチ、ニ、サン、シ！
ニ、ニ、サン、シ！
パン
パン

ウサギさんみたいに、両足をそろえてとんでね！ピョン、ピョン、ピョン、ピョン！イチ、ニ、サン、シ！

保育者の願い・思い & ことばがけ 2

タイミングよく跳躍して、「バランス」や「リズム」を体得してほしい。

ぜんぶできたよ！
なわとびできるかな?

テープいっぱいになったね！

なわとびできるかな？ ボード

保育者の願い・思い & ことばがけ 3

「なわとびできるかな？」のテープが増えていくことで、やりたい意欲や上達したい思いが増し、友達との「競争」のよい刺激となるようだ。

「からだ力」パワーアップ！ チャレンジ遊び

この活動で育つ「からだ力」

からだ
〇体幹〇肩周囲〇腕
〇股関節周囲〇脚

うごき
〇バランス〇リズム
〇連結〇識別

きもち
〇繰り返し〇めあて
〇集中〇達成感
〇イメージ〇刺激

ポイント＆次へのステップ

- 縄遊びから前跳びなどの跳び技に、子どもの興味や技術が近づいていく過程を、保育者がしっかり見通すことが大切です。
- 初めから難しい跳び方を提示するのではなく、だれでもできそうな簡単なものから、細かい段階をつけた「めあて」を示し、少しずつ子どもが自信をつけられるようにします。
- 技のネーミングを、子どもの親しみやすいものにしたり、成果を目に見える形で示したりすることも大切です。また、「めあて」が簡単な目標であっても、意欲や「達成感」を感じることにつながり、子どもの“次もやってみたい”“挑戦しよう”という思いが育ちます。

★運動会種目へのヒント★

下のいろんな表現を『はたらくくるま』などの曲に乗せ、次々に披露して、最後に縄跳びする「なわとびできるかな？」はいかがですか？「縄跳びに必要な体の動きをめあてを持って楽しんできた子どもたちです…。」などと紹介して始めましょう。

遊びを発展・展開！…広げ方

なわとびできるかな？ ボードの内容・遊び方

きしゃ

つなげると汽車みたいになるね。お友達を乗せて、どこの駅まで行くのかな？

ヘリコプター

大きく手首を回すと高く跳べそうだよ！

まえウサギ

よこウサギ

縄を踏まないように両足をそろえ、リズムに合わせて跳ぼう！ 慣れてきたら、一定のリズムで跳んでみよう！

くくる

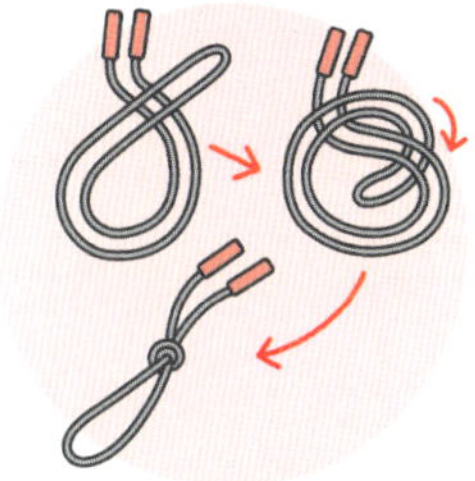

「結んできれいにおかたづけ」ウサギちゃんの耳を作ってごらん！

せかいいっしゅう

縄がおなかの所から出発して、足、おしり、背中、頭と、1周させてみよう！

せんぷうき

縦に早く回すと風が強くなるよ。前跳びにつながるよう、後ろから前に回そう！

ジャンプせんぷうき

手と足を合わせて跳んでごらん！

りょうてせんぷうき

両方の腕をいっしょに回せるかな？

りょうてせんぷうきとび

友達のを借りて、交替でしてみよう！

まえまわしとびチャレンジ

〇〇ちゃん！
イチ、ニ、サン！

少し慣れてくるころに、根気よく回数を数えてあげると、励みになって、どんどんコツを覚えて、跳べるようになっていきます。

4歳児

腕の力で進もう！ 一本橋サーキット

用意するもの

巧技台、一本橋
マット

子どもの姿から環境づくり

腕で自分の体を支えて移動する経験ができるように、巧技台に慣れ親しんできたころに、一本橋を作り、それにまたがって進む遊びを提案した。

それなら できるかも！
座って おしりで 進んでごらん！

環境の工夫や援助

自分が車になりきることで、一本橋の上を歩いて渡るのではなく、座ったままおしりをスライドして進むことが楽しめるようにする。

メインの遊び

一本橋にまたがり、両腕を使って進んでいく。

こうして遊んだ

- 一本橋に乗る、またがる、などした。
- おしりをスライドさせながら、腕の力を使って進んだ。おなかをつけ、寝そべるような姿勢で丸太にまたがり腕の力で前にはって進む、バランスを取りながら丸太の上を歩いて進む。
- 山に見たてて（高低差をつけ）登ったり下ったりする。
- 向かい側から来た友達とジャンケンをし、負けたら、もといた場所（スタート）から再度進んで行く。
- 一本橋を並べて競争したり、巧技台と組み合わせえてサーキットを作って遊んだ。

「からだ力」パワーアップ！のための遊び方

股でしっかり
一本橋を挟んでね！

保育者の願い・思い & ことばがけ 1

足の着かない、一本橋への抵抗のある子には、低い一本橋で高さに慣れさせ、まず、座ることができるようにしたい。

保育者の願い・思い & ことばがけ 2

一本橋に乗れても、前へ進むコツがなかなかつかめない子もいるので、体の部位を示しながら具体的に伝えよう。

りょうて もってても いいんだよね？
かたてずつ こうごに うごかしても すすめるよ！
うしろが つまってまーす！ レッツゴー！

両手を少し前に置いて、
おしりを浮かして、
両手に近づくように
おしりをすべらせて
いってごらん！

腕の力を出して
おしりをしっかり
浮かしてね

保育者の願い・思い & ことばがけ 3

しっかり腕を使って進むことで、とび箱につながる動きを経験させたい！

「からだ力」パワーアップ！ チャレンジ遊び

この活動で育つ「からだ力」

からだ

○体幹○肩周囲○腕
○股関節周囲○脚

うごき

○バランス○連結

きもち

○繰り返し○めあて・目的○高揚感○達成感・自信○共感・共有○競争

ポイント＆次へのステップ

- この遊びの一本橋の高さは、足が着かない高さにすることによって、自分の体重を「腕」だけで支える状況をつくります。
- 腕の支えのみで体重を移動させるには、かなりの力を必要としますが、ただ「腕」の力が要るだけではなく、全身の「バランス」能力が伴うことで、動きを助けることになります。他の遊びでは経験しにくいと思われるので、ぜひこの遊びで経験してほしいと考えます。
- 最初から高すぎると抵抗感が生まれるので、少しずつ高い一本橋にしていくことを勧めます。
- 一本橋を斜めにして高低差をつけることで、力加減や「バランス」を取ることにも効果が及び、「からだ力」につながります。

★運動会種目へのヒント★

運動会の種目はふだんから遊び込んでいることをまとめた形にしたいですね。
上の文章をアナウンスしながら、下の「一本橋レース」をするにも、いっぱい楽しさを味わっていれば、子どもたちの意欲が違ってきますね

遊びを発展・展開！…広げ方

一本橋、カーレース

保育者の工夫 1

一本橋のカーロードを並べて、車になって競争します。チーム対決で遊ぶとき、次々と連結して進み、最後が早く渡りきったチームを勝ちにするルールにしても楽しいでしょう。

よし、もうちょっとだ！

さー、どっちのいっぽんばしいこうかな？
はやくジャンケンしたいよ〜！
こっちちょっときゅうなの

保育者の工夫 2

一本橋をつないで、サーキットコースを作り、チームに分かれて、それぞれスタート、ドンジャンケンをしていきます。またいで行く方法や、立ち歩きで行く方法など、いろいろ楽しみましょう。

一本橋サーキットドンジャンケン！

4歳児 新聞ボールをボコボコけってサッカー遊びしよう！

用意するもの

新聞、カラー粘着テープ
カラフルな的、タフテープ
フープ

子どもの姿から環境づくり

布玉でよく遊び、手で持ったり、並べたり、投げたりしていた。足でけることを経験させたいと考えていたので、けりやすいボールを新聞紙で作る提案をした。

しっかり固めて
ボールにしよう！
けって、
あそぶんだよね？

環境の工夫や援助

- 新聞紙を使うと、転がりすぎや飛びすぎをセーブできる。そうすることで何度もけることになり、脚の力がつく。
- カラー粘着テープのきれいなボールは、けりたくなる気持ちを高め、自分のけったボールの行き先がよくわかるのでよい。

メインの遊び

新聞ボールをける。

こうして遊んだ

- 新聞でボールを作った（丸める、かたくする、カラー粘着テープで留める）。
- ける…めあての場所（鉄棒、フープなど）を目がけてけり飛ばした→けって友達へパスをした→けってミニコーンに当てた。
- けって的に当てる…的あるいは、目標を決め、低めの紐などを飛び越すようにしてけった。
- 玉の取り合いっこ…玉を増やして、ボールがいっぱいのサッカーのような遊びをした。

「からだ力」パワーアップ！のための遊び方

保育者の願い・思い & ことばがけ 2

ボールが当たるとタフテープが揺れるので、当たった手応えが確かめられることを伝え、うれしくなるような気持ちにつながって、何度もけってみたいと思うようになればいいな。

それ！
遠くまで
とんでいったね！
思い切り
けったんだね！

保育者の願い・思い & ことばがけ 1

脚の力をうまく使ってけっているようすを伝え、脚を意識した力の込めかたや方向の感覚をとらえられるようにしたい。

あかの
まとに
あてて！

当たった、
当たった～！
テープが揺れて
きれいね！

的がいっぱいあるね！
次は、どの色の的に
当てようか？

保育者の願い・思い & ことばがけ 3

低い位置にひもを結んだ的を作ることで、手で投げて的に当てるのではなく、脚でける動きが生まれるようにしたい。また、カラフルな的をたくさん用意して、いっぱいけってみたくなる意欲につなげたい。

「からだ力」パワーアップ！ チャレンジ遊び

この活動で育つ「からだ力」

からだ

○体幹○肩周囲○股関節周囲○脚○心肺系

うごき

○バランス○反応○連結○定位○変換○識別

きもち

○繰り返し○めあて・目的○集中・緊張・挑戦○競争

ポイント＆次へのステップ

- 手を使わずに「脚」だけを使って的に当てることで､「脚」の力を使う機会が増えるようにする。この遊びは、サッカー遊びの前段階であるが、技術よりも「脚」の力などの充実を目指します。
- 的は比較的当てやすい低い位置に設定し、当ててみたくなるようなカラフルなものにすることで、何度もけって当てたい、遊びたい、という動機や意欲につながるように工夫します。
- 自分で作った（いくつでもよい）ボールを取り合ったり、友達のボールを加えて、いくつものボールを何度もけったりすることができ、いろんな遊びが生まれるなか、しぜんに運動量が上がっていくのをねらいとしています。

★運動会種目へのヒント★

「キック！ キック！ キック！でクリア！ クリア！ クリア！」と障害物競争風に…。上の文章をアナウンスしながら…。

遊びを発展・展開！…広げ方

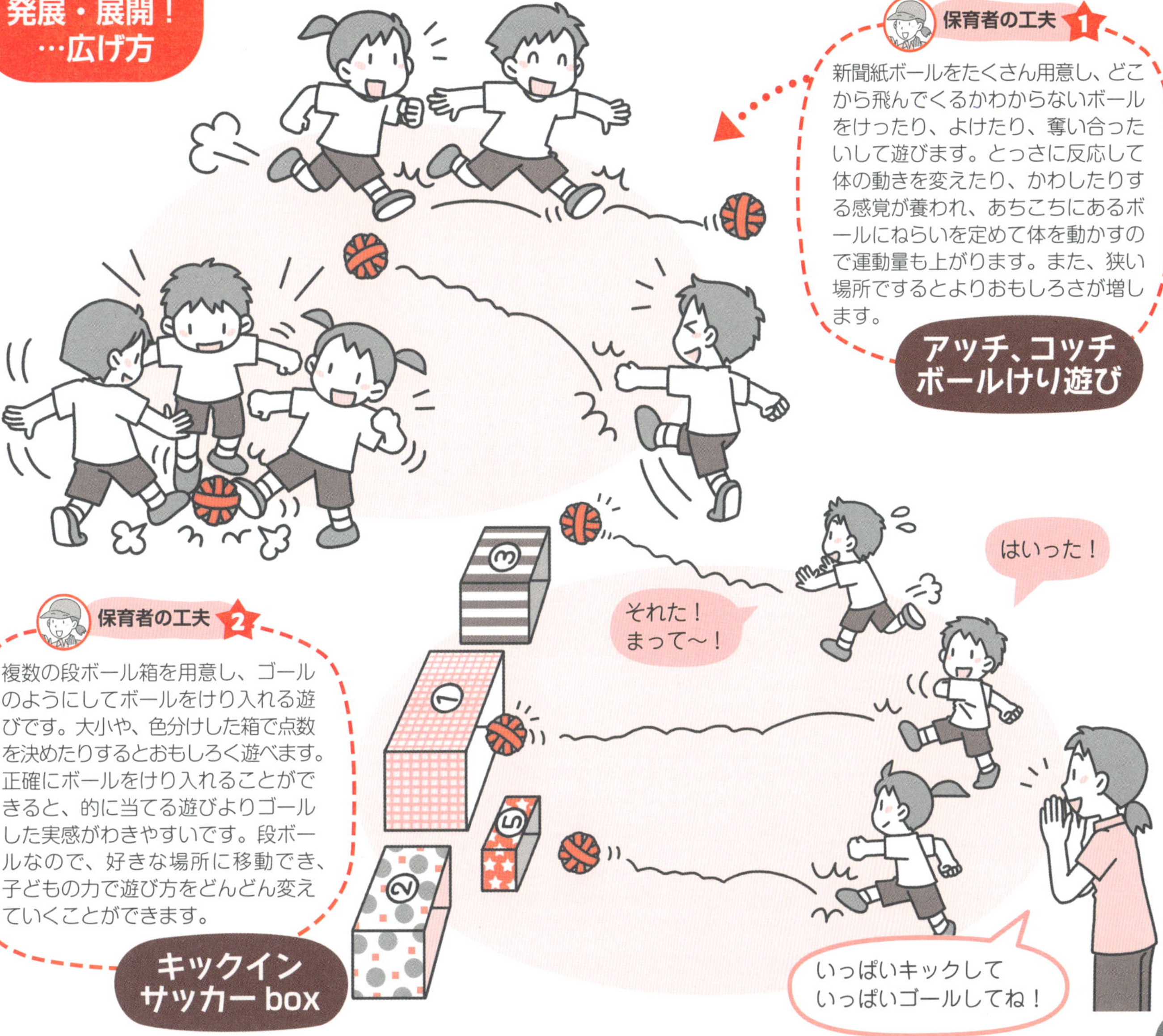

はいった！
それた！まって〜！
いっぱいキックしていっぱいゴールしてね！

アッチ、コッチボールけり遊び

保育者の工夫 1

新聞紙ボールをたくさん用意し、どこから飛んでくるかわからないボールをけったり、よけたり、奪い合ったいして遊びます。とっさに反応して体の動きを変えたり、かわしたりする感覚が養われ、あちこちにあるボールにねらいを定めて体を動かすので運動量も上がります。また、狭い場所でするとよりおもしろさが増します。

キックインサッカーbox

保育者の工夫 2

複数の段ボール箱を用意し、ゴールのようにしてボールをけり入れる遊びです。大小や、色分けした箱で点数を決めたりするとおもしろく遊べます。正確にボールをけり入れることができると、的に当てる遊びよりゴールした実感がわきやすいです。段ボールなので、好きな場所に移動でき、子どもの力で遊び方をどんどん変えていくことができます。

4歳児 簡単“マイだこ”を作ってたこ揚げしよう！

用意するもの

上質紙（B4 サイズ程度）
たこ糸（3m 程度）
広告紙、油性ペン

子どもの姿から環境づくり

走るのが大好きだけど、寒くてなかなか外に出ない子どもたちに冷たく吹く風を味方にできるたこ揚げ遊びを提案してみた。

自分で作れるたこだよ。
つくりたい！たこあげしたい！

環境の工夫や援助

おなじみのたこ揚げをマイだこですると愛着がわき、やる気も起こる。子どもにも作れるたこを、保育者も援助しながらいっしょに作る。

メインの遊び

自分で作ったたこで、走って風を受けてたこ揚げをする。

こうして遊んだ

- たこを作った。
- たこを持って走った。
- たこの揚がり具合を見て、走り方や風の受け方を工夫して揚げた。
- 友達といっしょに競い合って走った。
- 斜面（坂道や土山）から一気に駆け降りながらたこを揚げた。
- たこ揚げ大会をした。応援もした。

「からだ力」パワーアップ！のための遊び方

ひもを持つ手は肩からしっかり上に上げてね！それで、思い切り走ってねー！

保育者の願い・思い＆ことばがけ 2

周囲の人や物に反応して、瞬時に体の動きを変える力を身につけさせたい。

周りにだれがいるか、何があるか、いつも注意して見ててね！
おっとっと、あぶない！

保育者の願い・思い＆ことばがけ 1

たこを揚げるときのコツを知らせよう。

- 腕の高さは「肩周囲」を意識して。
- たこがうまく風を受けて揚がるには、走るスピードや、止まらず走ることがポイント。

簡単“マイだこ”の作り方

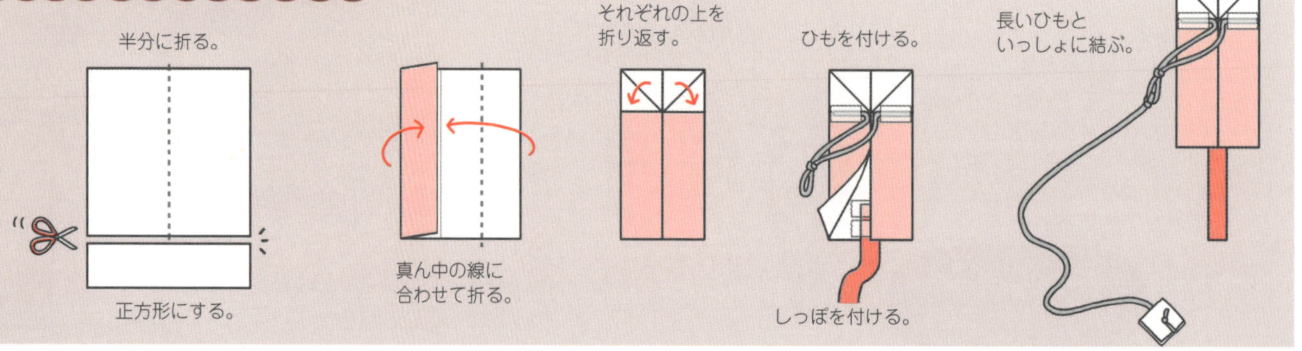
半分に折る。
正方形にする。
真ん中の線に合わせて折る。
それぞれの上を折り返す。
ひもを付ける。
しっぽを付ける。
長いひもといっしょに結ぶ。

「からだ力」パワーアップ！ チャレンジ遊び

この活動で育つ「からだ力」

からだ
○体幹○肩周囲○腕
○股関節周囲○脚
○心肺系

うごき
○バランス○連結○変換
○識別

きもち
○繰り返し○めあて○工夫○集中○爽快感○高揚感○競争

ポイント＆次へのステップ

- 風の揚力よりも、走ることで揚がるしくみのたこのため、より早く走ろうと思えたり、走り続けることにつながります。
- 物を持ちながら走るのは通常より難しく、また、周囲とぶつかるのを察知してよけたり、止まったりの機敏な反応には、体の細部の動かし方やいつもと異なる部位を動かすことになり、コーディネーション能力を高めます。
- 風の抵抗で揚がるたこのおもしろさや、糸を通して手先に伝わる手応えを実感し、走る心地よさや体を動かす「爽快感」を味わえます。季節をうまく保育に活かすことのできる遊びです。

★運動会種目へのヒント★

走り続ける！ 魔法のマイだこは、保護者の方のダイエットにもピッタリ！
両手にたこ走り競争、スタート！

遊びを発展・展開！…広げ方

たこ揚げ大会

保育者の工夫

走る速さや揚がる高さを競ってチャンピオンを決めたり、応援のチャンピオンを決めていろいろ工夫して楽しいたこ揚げ大会にします。

連れてってたこちゃん

たこを落とさずに、どこまで行けるかにチャレンジ。

高い高いたこ

巻いている糸を長くしていき、たこをどれだけ高く揚げられるかにチャレンジ。

両手にたこ走り

両手にたこを持って走って揚げる。

応援合戦

○○ちゃんがたかいよ！
みんなで応援しようね！
○○ちゃんのたこおちないで〜！
がんばれ〜！

見ているだけではなく、楽しい盛り上げ隊になります。

4歳児 元気いっぱい、強くなりたい！ すもうごっこで遊ぼう！

用意するもの

縄跳び、すもうマット（または白線で土俵を描く）

子どもの姿から環境づくり

●気温が低く寒いので、体の温まる遊びをしようと提案。
●正月の遊びですもうを紹介し、きっかけづくりにした。

先生とすもうとろうか？
よしっ、がんばる！

環境の工夫や援助

子どもが自分たちで遊び始められるように、ふだんから慣れている個人の縄跳びをつなげて土俵を作る。慣れてきたらすもうマットを出す。

メインの遊び

友達と押し合いっこをする。

こうして遊んだ

- すもうの場を作った。
- 片足ずつしこを踏んだ
- 押したり引いたりした。
- 投げ技、押し出し技など、技を考え、その技をしたりした。
- 年長児や保育者に戦いを申し込み、すもうを取った。大人には２～３人で向かって行ったり、いっしょに力を合わせてすもうを取ったりした。
- トレーニングをした。〈柱を相手に押したり、しこを踏んだり、マラソンのように走った。〉
- いろいろなすもうをして遊んだ。〈しりずもう てなしずもう おなかずもう（体で押す） ケンケンずもう〉

「からだ力」パワーアップ！のための遊び方

すもうの前に、トレーニングして体を鍛えよう！

保育者の願い・思い ＆ ことばがけ 1

これからすもうをして、勝つために強くなろう！という意識が持てるように、基礎トレーニングから取り組む姿勢を示したい。

トレーニングで走ってるの！

○○ちゃんがんばるね！
○○くんに３回目の挑戦だね！

保育者の願い・思い ＆ ことばがけ 2

負けても転んでも、くじけず、あきらめず、がんばる心を認め、強くなるための練習だという自覚がもてるようにしたい。

力いっぱいがんばったね！

保育者の願い・思い ＆ ことばがけ 3

全身の力を出しきって、相手に立ち向かうことを伝えたい。

先生は強いよー！

保育者の願い・思い ＆ ことばがけ 4

保育者が子どもと何度も勝負をすることで、押し出されたり、転んだりして負けることへの抵抗がなくなるようしたい。また、子どもが保育者に勝つ状況も経験させ、すもうの楽しさやおもしろさが見いだせるようにしたい。

○○ちゃんは強いな～！

「からだ力」パワーアップ！ チャレンジ遊び

この活動で育つ「からだ力」

からだ

○体幹○肩周囲○腕
○股関節周囲○脚

うごき

○バランス○リズム○反応○連結○定位○変換

きもち

○繰り返し○めあて
○集中・緊張・挑戦
○高揚感○達成感・自信

ポイント＆次へのステップ

- 初めは手のひらで友達の上半身を押していたのが、だんだんと力の入る押し方や、腕の使い方、体勢などに気づきはじめ、子どものようすが変化していきます。
- 保育者が押し方や「脚」の踏んばり方などを教えるのではなく、子どもの気づきを取り上げて、保育者がこえがけすることで、「腕」や「脚」の力が入る体の動かし方を知らせていきます。
- 「繰り返し」遊ぶうちに力の加減がわかるようになり、勢いよく相手に向かっていく姿が見られます。
- 何度も転んだりしますが、すぐに立ち上がろうとする子どもが増えていき、少々のことでは泣かない、立ち向かおう、とする気持ちが育っていきます。
- 押されても倒れないように踏んばったり、「バランス」を取って向かってくる相手を交わしたりなど、相手の動きに合わせて自分の動きを変化させていくことが必要となり、さまざまなコーディネーション能力につながっていきます。

★運動会種目へのヒント★

親子ずもうだはっけよい！ わが子よ、私を越えて行け！
保護者とすもうを取ってから、かけっこスタート！ふだんから楽しんでいることを伝えつつ。

遊びを発展・展開！…広げ方

おしり、おなかケンケンDEハッケヨイ！

保育者の工夫 1

体のいろんな部分を使ってすもうを取って遊びます。年長児と年少児との勝負では、年長児は片手にしたり、ケンケンをしたりするなどのハンディをつけてもよいでしょう。

変形土俵DEハッケヨイ！

保育者の工夫 2

土俵を丸ではなく、例えば、下図のような変形で行ってみます。押し方や倒し方、かわし方など、丸の土俵のときとは要領が異なり、体の各部分の力加減やタイミングなどもふだんと違う経験ができます。

おしくらずもう

保育者の工夫 3

みんなが土俵に入り、押し合いっこ（おしくらまんじゅう）をします。最後までラインから出ずに残れた子どもが勝ちです。

5歳児 組み合わせて作ろう！ 板で遊べる楽しい遊具

用意するもの

板、台（巧技台やビールケースなど）

子どもの姿から環境づくり

大きめの用具を自分たちで扱えるようになり、固定遊具も使いこなせるようになったので、板を加えて、自由に組み合わせて遊べるようにした。

ならべていったら
おもしろそう！
くぐれるね！

環境の工夫や援助

- 板はいろいろな長さがあるとよい。
- 板の両端に木片を打ち付けておき、斜めに立て懸けても滑らないようにしておく。

メインの遊び

板を固定遊具に着けたり、功技台やビールケースと組み合わせたりして遊ぶ。

こうして遊んだ

- 板をいろんな所に渡してアスレチックのようにして遊んだ。
- 移動鉄棒に板を斜めに掛けて、 傾斜のおもしろさで遊んだ。
- 同じ高さの鉄棒にのせて固定し、平均台のようにして遊んだ。
- 板を功技台に乗せてシーソーを作って遊んだ。
- 巧技台の上に短めの板を乗せて、バランス遊びを楽しんだ。
- 段差のある場所に板の片方を乗せ、斜めの板の上で縄跳びをした。

「からだ力」パワーアップ！のための遊び方

長いものは
2人で持とうね。
端と端を
持つんだよ。
山の上り道にするのね。
低鉄棒の高さでＯＫ？
下にマットはいるかな？

保育者の願い・思い ＆ ことばがけ 2

板が長い場合は友達と2人で両端をバランスよく持つように指導し、運ぶときにも、友達と歩調や動きを合わせるよう伝えたい。

保育者の願い・思い ＆ ことばがけ 1

子どもの要望が実現できるようにイメージをつなげながら、また、自分たちだけでも安全でおもしろい動きが生まれるような組み方をいっしょに考えたい。

ボールを
転がすんだ～！
おもしろそう！

保育者の願い・思い ＆ ことばがけ 3

おもしろい動きや組み合わせ方、使い方をしている子どもを認めたい。

なるべくいたが
ガタンっておちない
ように、バランス
とってるの。
右足と左足かわり
ばんこに力を入れ
て、落ちないよう
にしてるのね！

保育者の願い・思い ＆ ことばがけ 4

どんなことに注意しながら体を動かしているのかを、子どもが認識しているのは大事だ。

この活動で育つ「からだ力」

からだ

○体幹○肩周囲○腕
○股関節周囲○脚

うごき

○バランス○連結
○定位○識別

きもち

○繰り返し○試行錯誤
○達成感・自信
○イメージ

ポイント＆次へのステップ

- 板とさまざまな用具を自分たちで工夫して組み合わせることができたので、遊びが広がり、また、友達と共通のイメージを持ちながら、遊びが持続・発展していきます。
- 板の上という不安定で、狭い幅を歩くことで、「バランス」「識別」などのコーディネーション能力につながります。
- 長い板では、そのたわみで、体が揺れる感覚を味わい、立て掛ける場所が高いとスリルが味わえ、低いとその上で縄跳びなどの難しい動きにも挑戦できます。板の角度や子どもたちの「工夫」によって、自然に動きが変化し、動きの多様化につながっていきます。
- 遊びながら自分の力を試し、自分たちで少しずつ難しくしていくことができることから、年長児の育ちにも相応しい遊びと考えます。

★運動会種目へのヒント★

ふだんから巧技台でいろいろ組み合わせて遊んでいると楽しいイメージが広がりますね。

遊びを発展・展開！…広げ方

板遊び大集合

おもしろ〜い！
もういっかい
やりた〜い！

板渡りアスレチック

ビールケースや巧技台の上に、長・短の板を迷路のように渡して作った道をたどって楽しみます。

板すべり台

移動鉄棒に斜めに掛けて端まで登りつめ、跳び下りたり、すべり台のようにして滑ったりして遊びます。

山から山へ綱渡り

同じ高さの鉄棒に渡して固定し、平均台のようになった所を歩いて、「綱渡り」のイメージで遊びます。

ほら、
こっち！

いろいろシーソー

板を巧技台に乗せてシーソーを作って遊びます。２人シーソーやひとりバランス、また、シーソーの板の端から一気にもう一方の端まで、落ちないようにして渡りきる遊びも楽しいです。

サーカス縄跳び

低い巧技台や、段差のある所に板の片方を乗せて緩やかな傾斜を作り、その上で縄跳びをします。

5歳児 “ゴロゴロ、グラグラ、バネバネ！” タイヤっておもしろい！

用意するもの

タイヤ（10個程度）

子どもの姿から環境づくり

タイヤを転がしたり、持ち上げたり、重さを感じたりして遊んでいたので、もっといろいろなことができるのでは？　と誘いかけてみた。

トンネルみたいよ！
通り抜けちゃお！
ほんとだ～！
おもしろそう！

環境の工夫や援助

安全面においては、必要に応じてマットを準備しておくなど、保育者自身が試したり、子どもたちと相談しながら安心して遊べるような配慮をしたりした。

メインの遊び

タイヤを運ぶ、転がす、並べて上を歩く。

こうして遊んだ

- タイヤをいろいろな場所に運んで遊んだ。
- 転がるタイヤの動きに合わせて遊んだ。
- タイヤで作ったアスレチックで、タイヤの上に乗ったり、弾んだり、いろいろな動きを楽しんだ。

「からだ力」パワーアップ！のための遊び方

こんなに重いのに
ゴロゴロ逃げちゃう！
ユラユラ転がっちゃう！
タイヤって
おもしろいね！

保育者の願い・思い & ことばがけ 1

タイヤの特質（重み、形、大きさ）などから、思うように動かせなかったり、勝手に転がっていったりすることを、友達や保育者といっしょにおもしろがったりして、タイヤという素材に興味を持ってほしいな。

保育者の願い・思い & ことばがけ 2

タイヤの扱いに慣れ体の使い方や力の入れ方のコツに工夫が見られる姿を認めたい。

腰の力も使うと
パワー出るよね！

うんしょ！

坂道に挑戦だね。
脱線しないで
上まで行ってね！

保育者の願い・思い & ことばがけ 3

重くて転がりやすいからこそ、自分の力や操作を試すことができる。友達に負けないように挑戦していたり、力の入れどころや扱いに工夫が見られたら認めたい。

どんと、
キャッチ
するよ！

この活動で育つ「からだ力」

からだ

○体幹○肩周囲○腕
○股関節周囲○脚

うごき

○バランス○リズム
○連結○定位○識別

きもち

○目的○工夫○緊張・挑戦○達成感・自信○イメージ○競争（おもしろさ・悔しさ）

ポイント＆次へのステップ

- 子どもが、持ち上げたり引っ張ったり押したりするときには全身の力が必要です。また、目的地まで転がして遊ぶには、両手脚の力加減や操作も重要なポイントになります。
- 斜面に持って上がるときは、バランスを取りながら脚や腕にしっかり力を入れると同時に、足先や手での微妙なコントロールが必要となるので、これらも経験させたいことです。
- タイヤの弾力性を利用して、さまざまな遊びを作りだすことができるので、それによって生じる動きの不安定さを十分に楽しめます。目的地にたどり着く遊びでは、落ちずに最後まで行こうとすることで「バランス」能力につながります。
- いろいろな遊び方、使い方を子どもたちといっしょに考えるなかで、より運動量（スピード感、重さなど）が増すように、また、友達と「競争」や協力ができるような要素の工夫を考えましょう。

★運動会種目へのヒント★

「タイヤはないから無理」で終わらず、何かおもしろい素材はないかなと、いつも考えていると、見慣れているものにも新しさを発見できます。

遊びを発展・展開！…広げ方

タイヤ引き エンヤコラ！

保育者の工夫 1

タイヤの両側にひもを付けて引っ張る遊びです。綱引きのようにラインを目印に、多く引き寄せたほうが勝ちです。

保育者の工夫 2

タイヤをまっすぐや、ジグザグ、飛び飛び、などに並べる。タイヤ間に板を渡す。斜めに立て掛けたり、重ねて置いたりする。連結させたものと組み合わせたりして配置する…etc. で作ったアスレチックです。歩いたり、走ったり、跳びはねたりして遊びます。

タイヤアスレチック

のぼれたー！
楽しい！
ピョンピョン
はねる～！
ふ～、ぬけた！

バランス、
バランス！

忍者トンネル

5歳児

ブラブラもユラユラも自由自在 ロープで遊ぼう！

用意するもの

ロープ（直径1cm 前後、長さ1～10 m）数本

子どもの姿から環境づくり

固定遊具を使いこなし、いろいろなものに見立てて遊び始めたのでロープを用意し、固定遊具につないで遊ぶことを提案した。

ロープ、
ぶら下がれるかな？
しっかりもつから
だいじょうぶ！

環境の工夫や援助

- 何種類かの長さのロープを用意する。
- 子どもにもできる、ひもやロープの結び方を事前に教えるが、設置するときは、しっかり結べているか、安全かの確認を必ず保育者が行なう。

メインの遊び

固定遊具に結んだロープを使って遊ぶ。

こうして遊んだ

- 固定遊具を海賊船などに見たてて遊んでいるので、基地を作るための用具としてロープを加えた。これでイメージが広がっていき、体のさまざまな部位を使って大きく動かしたり力を入れたりして遊び始めた。
- 魚を釣る目的で垂らしたロープを柱にくくりつけたことで、それを伝って上まで登って遊んだ。
- ロープの両端を固定遊具に結んで輪になったところに脚をかけて、移動したり、両足を乗せて体を揺らしたりすることを楽しんだ。

「からだ力」パワーアップ！のための遊び方

両脚をロープに
引っ掛けてごらん！

腕に力が入っているね。
腕で体を持ち上げて
いるんだね！
さかさまブランコだ！
すごいね。足に力が
入っているね！

保育者の願い・思い ＆ ことばがけ 1

使っているロープによって、体のどの部位に力が入っているのかを伝え、意識して動かせるようにしたり、動きのヒントになるようにしたい。

保育者の願い・思い ＆ ことばがけ 2

体のいろいろな部位を使うような動きや、おもしろい動きが生まれるような結び方や、使い方を提案する。

こっちにも
マットひくね！

お友達に当たらない
ように、よく見て
動いてね！

保育者の願い・思い ＆ ことばがけ 3

子どもの思いを引き出し、実現に向けて援助をするとともに、安全な方法を伝え、自分たちでも安全面を考えながら遊べるようにしたい。

この活動で育つ「からだ力」

からだ
○体幹○肩周囲○腕
○股関節周囲○脚

うごき
○バランス○連結○定位
○識別

きもち
○工夫○集中○高揚感
○緊張○イメージ・なりきる○挑戦○共有

ポイント＆次へのステップ

- ロープの上を歩いたり、輪になったロープに乗ったりするなど、足元の不安定な遊びは、日ごろにはない感覚として楽しみながら、「バランス」能力を育むことができます。
- ロープに捕まって自分の体の重みを腕に感じながら体を支えたり、移動させたりすることで、ふだんの動きよりも「腕」や「肩周囲」を意識しながら十分に動かすことができます。
- このような足元の不安定さや手で体を支える難しさは、むしろ子どもの「高揚感」を高めたり、「挑戦」意欲をかきたてるという遊びのスパイスになって、「繰り返し」の遊びにつながります。
- 子どもの「イメージ」で好きなように構成できるので、工夫して遊べ、遊びが持続します。
- ロープがほどけると危険なので、ほどけにくい結び方を教え、必ず確認します。

★運動会種目へのヒント★

ふだんの遊びをたくさん取り入れたサーキット的な種目で、そのひとつとして固定遊具も取り込んでよいでしょう。
うんていがさまざまなイメージで変わりますね。

遊びを発展・展開！…広げ方

保育者の工夫 1

本体ロープに、短めのロープを間隔をあけて何本か結んで垂らし、本体ロープの両端を高い所にピンと張って結びます。垂れたロープを持ちながら移動する遊びで、「腕」「肩周囲」を十分に使います。

ユラユラロープ谷渡り

★足場は平均台などを使って、少し不安定に歩く設定にしておくと、おもしろ味も増し、「からだ力」にも効果的。

保育者の工夫 2

うんていなどの遊具に、ロープをたわまして結び付けます。ブランコのように座って揺れて遊んだり、ぶら下がって揺れながら次々移動していったりして遊びます。

ロープの結び方 1

ここを1回結んでおくと、よりほどけにくい。

ブランコ移動

ロープの結び方 2

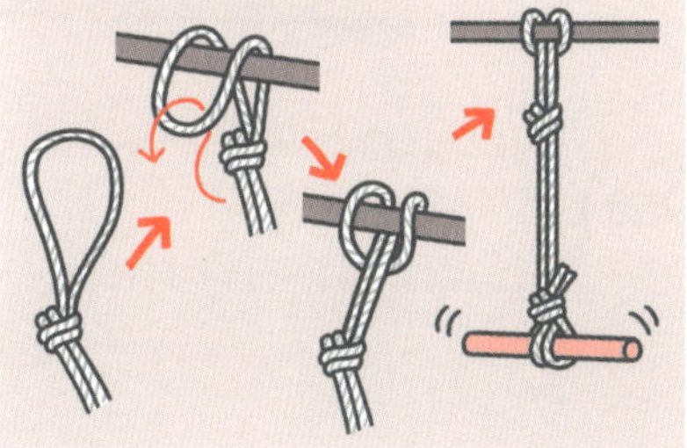

保育者の工夫 3

ロープを縦横無尽に張りめぐらすように結び付けてクモの巣を作ります。両手をしっかりつかんで揺らしたり、移動して遊びます。

すぱいだーまん

5歳児

テントの屋根越え ピッチ＆キャッチボール遊び

用意するもの

テント、布玉やレザーボールなどやわらかい玉、カゴ、洗面器

子どもの姿から環境づくり

子どもたちが玉を高く投げて遊んでいた。テントの屋根が格好のスロープだと気づき、屋根に玉を投げる遊びが始まった。

テントの屋根に
ボールを転がしてみよう！
あれっ？
あっちからおちてきた！

環境の工夫や援助

玉やカゴは多めに用意して、テントは、遊びが発展しやすい位置を想定して移動しておく。

メインの遊び

テントの屋根に玉を投げたり、落ちてくる玉を受ける。

こうして遊んだ

- テントを越すくらいの玉を投げて遊んだ。
- テントに玉を投げ、屋根を伝って落ちてくる玉を手やカゴで受けた。
- 玉を投げる役と受ける役に分かれて遊んだり、2つ並んだテントのすき間から落ちてくる玉をカゴで受けて遊んだ。

「からだ力」パワーアップ！のための遊び方

こえたよ！
投げてもバッチリ！
受けてもバッチリ！
かっこよくキメてね！
向こうの屋根に
越えたらホーム
ランにしよう！
○○ちゃん
大ホームランだ
バンザ〜イ！
それ！
こえろっ！
今度は、
○○ちゃんの
投げる場所や
高さはどう？

保育者の願い・思い ＆ ことばがけ 1

投げることも、受けることもできるように、どの動きも楽しめるようなことばがけをしたい。

保育者の願い・思い ＆ ことばがけ 2

屋根を越えるまで、何度も失敗しては、何度も挑戦している。そのガッツを励まそう。

保育者の願い・思い ＆ ことばがけ 3

友達と互いの投げ方を見合って刺激を受けてほしい。

「からだ力」パワーアップ！ チャレンジ遊び

この活動で育つ「からだ力」

からだ

○体幹○肩周囲○腕○脚

うごき

○バランス○リズム
○反応○連結○定位
○変換○識別

きもち

○繰り返し○目的
○試行錯誤○集中・緊張
○高揚感○達成感○刺激

ポイント＆次へのステップ

- ２つ並んだテントのすき間から落ちてくる玉は、対面するテントの屋根に影が映るのでねらいを定めやすく、それがこの遊びのおもしろさでもあります。
- 落ちてくる玉を見極めて、自分の体やカゴの位置を決めたり、落ちてくる玉がカゴに跳ね返って外に飛び出さないよう、玉の速度をコントロールしたり受け止め方を工夫するなど、調整力が向上して動きが洗練されます。簡単にはできないので、成功したときに「達成感」が味わえます。
- 友達が持っているカゴに落ちるようにするには、テントの一番高い屋根を越えないといけないので、その目標に定めた投げ方をしたり、投げる場所を変えたり工夫します。

✪運動会種目へのヒント✪

夢中になって楽しく遊んでこそ、全身の運動です！
投げることも、この経験があるとないとでは、おお違いです。
そのように保護者にメッセージしながら「谷間のボール、だれキャッチ？」をしてみましょう。

遊びを発展・展開！…広げ方

保育者の工夫 1

カゴ以外にも、いろんな入れ物で挑戦します。浅い、深い、大きい、小さいなど、身近な用具で試してみましょう。

なんでもDE ナイスキャッチ！

キャッチ
してね～！

保育者の工夫 2

テントを２連並べて置き、投げられた玉を、落ちてくる谷間のすき間から受け取る遊びです。投げる子は「○○ちゃんキャッチ」と受ける子を指名するとおもしろさが増します。チームに分かれ、色の指定を追加して遊んでも楽しめます。

谷間のボール だれキャッチ？

どこに
落ちてくるか
よく見て
動いてね！
ここに
おちてきて！

ジャブジャブ行こう！どろんこ砂場ワールド

用意するもの

バケツ、タライ、スコップ
ビールケース、板

子どもの姿から環境づくり

砂場に穴を掘って、バケツで何度も水を運んで足湯（水たまり）を作って遊ぶ姿が見られたので、もっと水を入れたり長い水路を作って遊ぶことを提案した。

ここをつないだら！道になるよね！
よしっ！めいろをつくろう！

環境の工夫や援助

- 大きさの違うバケツやタライを用意。ひとりまたは友達と協力をしながら水が運べるようにする。
- ぬれたり、汚れたりしてもよい服装で、存分に楽しんで遊べ、力が発揮できるようにする。

メインの遊び

砂場にできた水路や水たまりで、泥んこ遊びを存分に味わった。

こうして遊んだ

- 何か所か作った池をつなげて砂場全体を水路にし、“ジャブジャブ迷路”を作ってその中を歩いたり走ったりして遊んだ。
- 水がたくさん必要なので、バケツやタライで友達と協力して運んだ。たらいで運ぶには多人数が必要で困難だったが、それがおもしろく何度も運んだ。
- 水路に橋を付けたり、ビールケースなどでジャンプ台を作って水に飛び込んだりした。

「からだ力」パワーアップ！のための遊び方

つぎ、いくからまっててね！
すごい！何度も運んでるよね！○○ちゃんの所も待ってるからがんばって！
おっとっとっと！もっと、そっちもって〜！
イチニ、イチニ、ワッショイ！ワッショイ！
長いトンネル掘ってるのね！
どこをもったら水がこぼれないように、うまく運べるかな？
みんなで掛け声かけてね〜！
どろんこもへっちゃら〜！
こっちにもおやまつくろう！
水がかかってもへっちゃらだよねー！

保育者の願い・思い＆ことばがけ 1

水を何度も運んだり、砂をしっかり掘ったりする作業をたっぷりさせて、「腕」、「肩周囲」、「体幹」、「脚」など、体のいろんな部位を十分に使い、「バランス」能力のアップを図りたい。また、そのがんばりを認めて励まし、活動の継続につなげたい。

保育者の願い・思い＆ことばがけ 2

友達とタライで水を運ぶときは、互いの動き、速さ、高さなどを合わせたり、力の入れぐあいを調整したりできるようになってほしい。バランスが崩れて水がかかることも楽しんでほしい。

この活動で育つ「からだ力」

からだ
○体幹○腕○肩周囲○脚
○股関節周囲○脚

うごき
○バランス○リズム
○連結○識別

きもち
○繰り返し○目的
○高揚感○イメージ
○共感・共有

ポイント＆次へのステップ

- 暑い季節に体を動かして遊ぶとき、水が使えるのは大きな魅力です。穴を掘ったり、水を運んだりして一生懸命動いた後に気持ち良さが待っているという期待が膨らみ意欲的になります。
- 「目的」があれば、水がいっぱい入った重いたらいでも、何とかして運ぼうとします。この遊びでは水路を完成させ､そこに入って遊ぶという「目的」が、「繰り返し」の困難な作業を楽しくします。
- タライで水を運ぶときには、周囲の用具を避けたり、砂場からの立ち上がりや移動にも工夫が必要ですが、友達との連携で力が発揮でき、プラス多様な動きに対応する姿が見られます。
- 水のあるところを歩くという共通のイメージができているので、友達と協力して水運びをすることから、それぞれが好きな場所に自分の水路を作ってしぜんにつなげていくことが遊びとして「共有」されます。そのため、後からでも参加しやすく多人数で楽しめます。

★運動会種目へのヒント★

重くても楽しい遊びのためならへっちゃら！
この経験を生かして、バケツリレーだ！ こぼさず速く！ 競争など、考えてみませんか？

遊びを発展・展開！…広げ方

保育者の工夫 1

ジャングルに来たイメージで、それぞれのゾーンを楽しく想像しながら遊びます。

どろんこ砂場ワールド
ジャブジャブ池
大石渡り
先生も入っちゃえ！
クネクネ迷路
絶壁の谷
ウヨウヨ！ワニの川

保育者の工夫 2

水の中にジャブジャブ入る。水をさけて行く。水たまりへジャンプする。これらの活動が**「からだ力」**の向上につながります。用具などをかたづけて、泥んこ砂場内を自由に走る「ジャブジャブマラソン」をしても楽しいですね。

5歳児 いつでも、どこでもできる 手軽な体操棒で遊ぼう！

用意するもの

新聞紙、セロハンテープ、カラービニールテープ

子どもの姿から環境づくり

雨の日や寒い日に、保育室など限られたスペースでも、体を使って遊びたいという子どもの要望にこたえて、新聞紙とテープを用意して手軽に遊べるものを作ろうと提案した。

体操棒できたね、投げてみよう！
じぶんでとれるよ！

環境の工夫や援助

新聞紙朝刊１日分の半分のものを堅く丸めて、体操棒を作る。

※巻きがあまくならないよう、しっかり巻く部分や仕上げは、保育者が援助します。

メインの遊び

体操棒を使って遊ぶ。

こうして遊んだ

- 保育者の考えた動き〈頭に乗せる。ひじ、ひざ、わき、あごなどに挟む。投げて受け取る。〉をまねて、体操棒を使って遊んだ。
- 子どもの考えた動きをみんなでまねた。
- 一本の棒を投げ合うなど、友達といっしょにできる動きを考え出して遊んだ。

「からだ力」パワーアップ！のための遊び方

のせる
ちょんまげできた、ソーロ、ソロ！
手のひら
頭
手のひらで立てる
ひじの下
足
座って上下したり、おしり歩き

挟む
首と肩の間
ほら、2かいできるよ！
あごの下
足首
わき
ひじ
ひざの裏
そのまま、ケンケン

○○ちゃん見て、すごいよ！足首で挟んでとんでるよ！

保育者の願い・思い & ことばがけ 1

子どもの考えたいろんな動きを認め、みずから動きを考え出すことを楽しめるようにしたい。また、難しい動きにチャレンジした子に注目させ、意欲を応援したい。

首の後ろ
肩
背中
みんなも挟んでケンケン、長くできるかな？

転がす
○○ちゃんの足のすべり台落ちないようにつま先でストップしてるよ！

保育者の願い・思い & ことばがけ 2

子どもそれぞれが考えた動きのポイントやコツを、ほかの子どもにわかりやすく伝え、まねるおもしろさにつなげたい。

体操棒の作り方

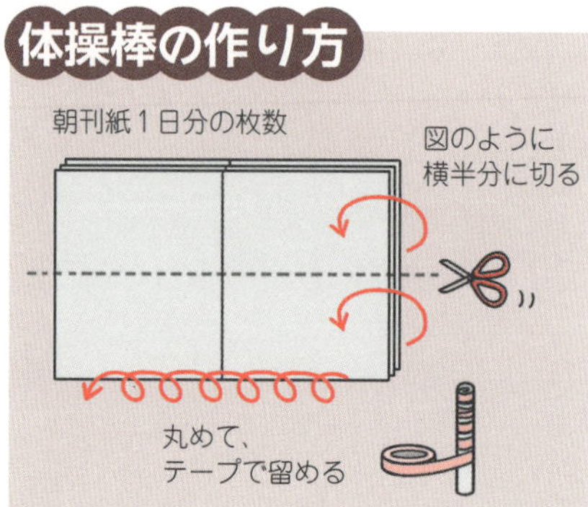
朝刊紙１日分の枚数
図のように横半分に切る
丸めて、テープで留める

「からだ力」パワーアップ！ チャレンジ遊び

この活動で育つ「からだ力」

からだ

○体幹○肩周囲○腕
○股関節周囲○脚

うごき

○バランス○連結○定位
○識別

きもち

○工夫○集中○挑戦
○刺激

ポイント＆次へのステップ

- 身近においておける簡単な用具なので、室内・外を問わず、いつでも、短時間でも手軽に使っていろいろな動きの経験ができ、**「からだ力」**の向上につなげていける遊びです。
- 工夫しだい、使いようで、さまざまな動きを引き出すことができ、自分で動きを考え出せるおもしろさが感じられます。また、保育者や友達の考えた動きをまねることで、自分では思いつかない動きをたくさん経験できます。
- 友達と投げたり受け取ったり、友達の持つ棒をまたいだりくぐったりするなど、友達といっしょにすることで、さらに多様な動きにつながります。
- 自分のつくった用具なので愛着が持てます。

★運動会種目へのヒント★

子どもたちが、マイ体操棒で、各々考えた得意ポーズを順番に取り、保護者たちがそれをまねる、「親子で体操棒まねっこごっこ」はいかがでしょう。
体操棒概論的な動きを生み出す優れものであることも始める前にアナウンスしましょう。

遊びを発展・展開！…広げ方

保育者の工夫 1

輪になって手をつなぎ、「だ・れ・に・し・よ・う・か・な？」と当たった子が動作をし、みんなはその子のまねをします。次々と代わりながら、友達のいろんなまねっこが楽しめる遊びです。

だれのまねっこしようかな？

落とさず、まねっこしてね〜！
りょうてだよね？
あたまにのせて、こんなの！
こうかな？

みんなの前で披露することがうれしくて得意になり、人と違う動きを次々と考えるようになります。

キャッチあお！
キャッチあか！

保育者の工夫 2

棒の両サイドに色の違うテープを巻いておき、投げる子がキャッチする色を指定すると、目で見て瞬時に判断して「反応」「定位」「識別」の能力が高まります。

キャッチ棒どっちのカラー？

5歳児 制限タイムでドッキドキ！タイマー鬼ごっこ

用意するもの

鬼ごっこのくじ引き
キッチンタイマー

子どもの姿から環境づくり

鬼ごっこをしていて、捕まえた子を捕らえておく場所を決めて遊ぶ姿が見られたので、タイマーを使って遊ぶことを提案した。

先生が鬼！
3分間逃げて！
きゃっ！
それ、にげろ！

環境の工夫や援助

- 子どもたちが操作しやすい簡単なタイマーを用意する。
- 鬼を決めるくじや、鬼と逃げる子の区別がつくようにはちまきや帽子を用意する。

メインの遊び

時間内で、たくさん捕まえようとする鬼と、逃げきろうとする子で遊ぶ鬼ごっこをした。

こうして遊んだ

- ハンターは全員を捕まえることを目指し、逃げる子は最後まで逃げ切ることを目指して楽しめるようなルールを話し合って決めた。
- くじ引きで、鬼になる子（数人）を決めて遊んだ。
- 捕まえた子を捕らえておくという設定の場所を決め、その子たちを助けることができるルールを作って遊んだ

「からだ力」パワーアップ！のための遊び方

どうぞ～！
ぜったい
つかまらないもん。
さー、はじめるよ！
10、9、8、…
みんなも大きな声で
カウントしてね～！
あと少し！
がんばって逃げよう！
にげれないわよ！
きゃ～！
3にんも
つかまえたよ！
タイマーがなったよ、
“しゅうりょう～”
もうすこし
だったのに
つかまっちゃった！
わーい！
にげきった～！
よく、逃げたね！
成功のコツは
何ですか？
“しゅうりょう～、
しゅうりょう～！
セーフ！”

保育者の願い・思い & ことばがけ 1

気持ちを盛り上げたり、仲間意識を高めるために、合図や掛け声をみんなで言い合うことを提案しよう。

保育者の願い・思い & ことばがけ 2

時間が決まっていることで逃げたり追いかけたりするスリルが味わえるように残り時間を知らせる。

保育者の願い・思い & ことばがけ 3

全部捕まえた鬼、逃げ切った子ども、それぞれの喜びや「達成感」に共感し、成功したポイントを聞くなどして工夫を認めて、褒めてあげたいな。

「からだ力」パワーアップ！ チャレンジ遊び

この活動で育つ「からだ力」

からだ

○体幹○腕○股関節周囲
○脚○心肺系

うごき

○バランス○反応○連結
○定位○変換

きもち

○繰り返し○目的
○爽快感○達成感・自信
○共有（おもしろさ・悔しさ○競争

ポイント＆次へのステップ

- 時間制限があることで、鬼も逃げる方も高いめあてを持ちながら遊びを楽しめます。また、逃げる範囲もある程度決めておくことなどが「おもしろさ」につながるポイントです。
- 鬼が多過ぎても少な過ぎても、遊びの「おもしろさ」が軽減してしまうので、くじ引きで数を調整して、全員を捕まえる、逃げ切るという「おもしろさ」が味わえるようにします。くじを引きやすい場所に置いておくことで、後からでも仲間に入りやすい状況ができます。
- 鬼ごっこは継続して遊ぶほど、「からだ力」を育むことにつながるので、何度も「繰り返し」楽しめる工夫が必要です。制限時間は人数にもよりますが、３分ぐらいが「繰り返し」たくなるリミットのようです。また、自分たちで扱えるタイマーが遊びにめりはりをつける盛り上げアイテムになります。タイマーは、初めは保育者が扱い、慣れてきたら子どもたちが扱うことにします。

★運動会種目へのヒント★

本書に掲載している３、４、５歳児の指導計画を、３年間連続で見通してみましょう。その上で種目を考えてみましょう。「親子でハンター鬼ごっこ」もできそうですね。

遊びを発展・展開！…広げ方

保育者の工夫 1

逃げ切った子はボードに名前を書きます。何回か繰り返して遊んだら、逃げ切った子のチャンピオンを決めても楽しいでしょう。

逃げ切りチャンピオン

救出ルール

保育者の工夫 2

ハンター（鬼）の陣地を作って遊びます。鬼に捕まって陣地に入れらた子を助ける方法は、“タッチで救出”“手つなぎ救出”“２人で救出”など、子どもがいっしょにルールを作っていきます。徐々に難易度を上げることで「からだ力」も高まり、遊びのおもしろさも増します。保育者が遊びの流れを見ながら救出ルールのミッションを発動してもよいでしょう。

ハンター陣地から助けろ！ 逃げろ！

5歳児

高い所から飛ばしちゃえ！紙飛行機で遊ぼう！

用意するもの

紙飛行機

子どもの姿から環境づくり

紙飛行機を作って飛ばしている遊びの中で、「もっと遠くへ飛ばすにはどうしたらいい？」と問いかけてみたら、高い所という答えが返ってきたので、高い所をいろいろ挙げてみた。

高い所って、どこがいいかな？
すべり台から飛ばしたい！

環境の工夫や援助

子どもが折りやすい紙やよく飛ぶ飛行機の折り方を提案する。

メインの遊び

紙飛行機を高い所から遠くへ飛ばして遊ぶ。

こうして遊んだ

- 総合遊具やすべり台などの高い所から紙飛行機を飛ばし、それを拾いに行くという遊びを繰り返して楽しんだ。
- ひとりが飛ばした紙飛行機を何人かで追いかけ、拾った子が次に飛ばすルールで遊んだ。
- 園庭にあるさまざまな物（遊具や用具、建物など）に着地させることを目指して飛ばした。
- 友達とタイミングを合わせて紙飛行機を飛ばした。

「からだ力」パワーアップ！のための遊び方

○○ちゃんすごい！10秒越え記録だ！
わーい！すなばまでとんだよ～！
ジャングルジムからと、2階のテラスから飛ばすのと、どっちが遠くまで飛ぶかな？
○○くんのかみひこうきみせて～！
ピシッ
ピン
○○くんの紙飛行機ってきれいね！
○○ちゃんは、あまり腕を強く振り下ろしてないよ！

保育者の願い・思い & ことばがけ 1

飛ばそうという意欲の刺激となるよう、飛距離や滞空時間などの目安を伝えたい。

保育者の願い・思い & ことばがけ 2

より遠くへ、より長く飛んでいる友達の動きや紙飛行機自体に注目させ、コツを知らせたい。

★よく飛ぶ紙飛行機は、折り目がしっかり折られ、折りにヨレがなくカッチリしている。はみ出し箇所もなく、きれいな左右対称形になっている。

★力まかせではなく、手首のスナップをうまく利かして飛ばしている。

この活動で育つ「からだ力」

からだ

○体幹○肩周囲○腕
○股関節周囲○脚

うごき

○バランス○リズム
○連結○識別

きもち

○繰り返し○目的○工夫
○挑戦○達成感

ポイント＆次へのステップ

- 高い所から紙飛行機を飛ばし、拾いに下りて行き、また飛ばす場所に戻ってくるという一連の動作を繰り返すことが運動量を上げることにつながります。
- 狭い場所だと友達と譲り合ったり、傾斜があるような足場が十分でない場所ではバランスを取ったりなど、場に応じた工夫をしながらの経験ができます。
- より遠くへ、より長く飛ばすためにの技術（腕、手首、体幹の使い方）を、平地や高い所から何度も飛ばす経験を繰り返すことで体得していきます。
- 目的地を決めてめざした方向に飛ばしたり、距離を見て力を調節したりすることで「からだ力」が高まります。

★運動会種目へのヒント★

紙飛行機を遠くに飛ばそうと考えて、飛ばし方もいろいろ工夫しました…上の三つめの解説をしながら、「世界一周旅行」をしてみましょう！

遊びを発展・展開！…広げ方

保育者の工夫 1

飛行機で世界一周旅行をする設定です。紙飛行機を飛ばして、そこから次の旅行先へと順々にめぐって行く遊びです。

世界一周旅行

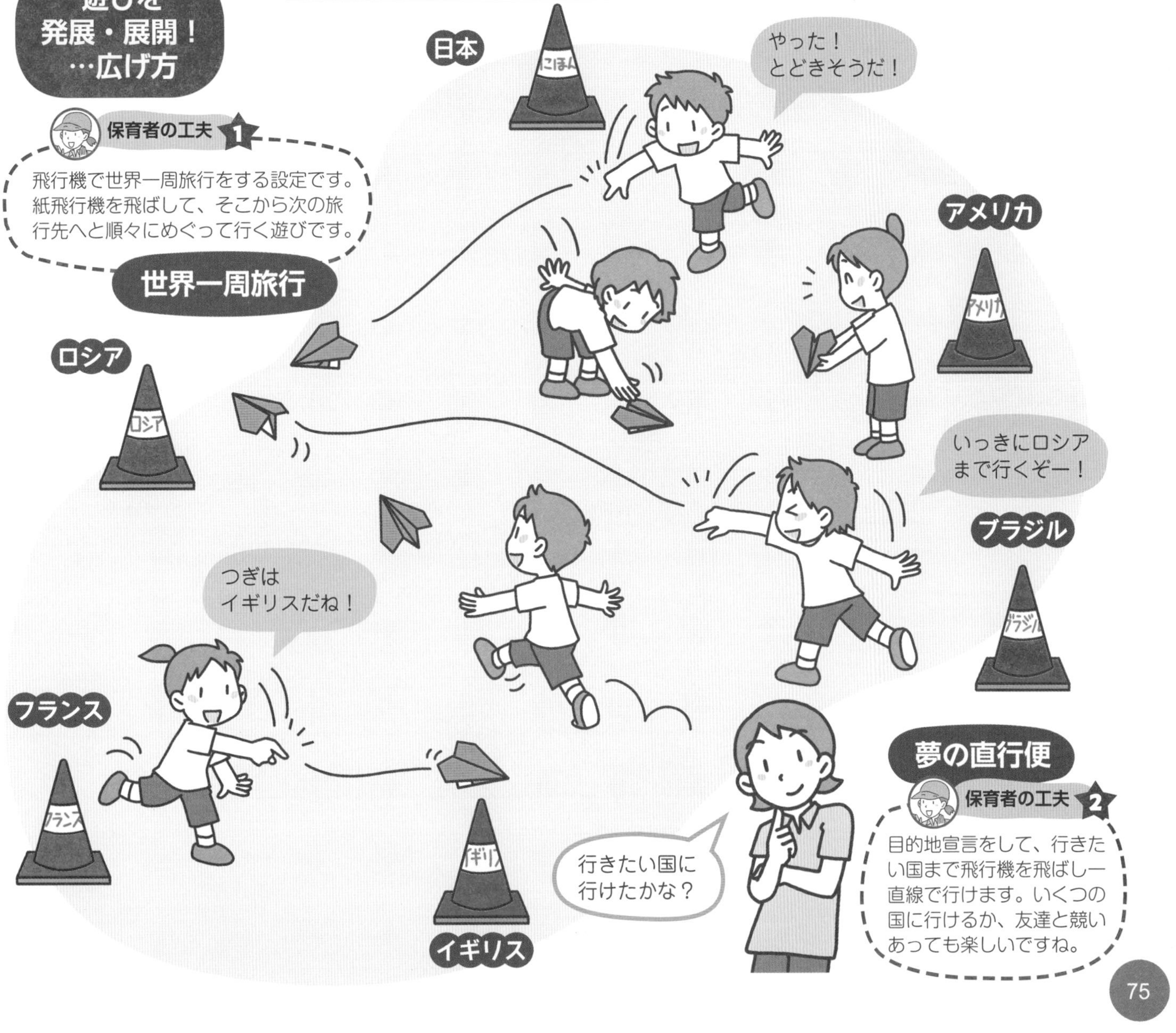
日本
やった！
とどきそうだ！
アメリカ
ロシア
いっきにロシア
まで行くぞー！
ブラジル
つぎは
イギリスだね！
フランス
イギリス
行きたい国に
行けたかな？

夢の直行便

保育者の工夫 2

目的地宣言をして、行きたい国まで飛行機を飛ばし一直線で行けます。いくつの国に行けるか、友達と競いあっても楽しいですね。

5歳児 体も頭もフル回転で帽子取り名人になろう！

用意するもの

帽子
カゴや箱（帽子入用）

子どもの姿から環境づくり

普通の鬼ごっこを楽しむ姿が見られたので、帽子取り遊びを提案した。

先生の帽子取れるかな？
ジャンプキャッチ！

環境の工夫や援助

人数が増えたときや遊びをおもしろくするためには、チームを増やしたり、帽子の数を増やしたりする。

メインの遊び

帽子を取り合って遊び、たくさん取ったほうが勝ちという遊び。

こうして遊んだ

- 2人で帽子の取り合いをした。人数を増やし、多人数になってきたので2チームに分かれて勝敗を決めて遊んだ。
- クラス全員でした場合などは、3チームにすると遊びが複雑になり、三つ巴のおもしろさが楽しめた。
- 3チームの帽子取りにリレーの要素を入れ、さらに楽しく遊んだ。

「からだ力」パワーアップ！のための遊び方

走りの速い○○ちゃんの帽子取ったのね！大成功～！
取られないようにフェイントを掛け合ってやってごらん！
わー！たくさん帽子取れたね！
背の高い○○くんの帽子を取ったの！すごいね！
手は、帽子を取る寸前に伸ばしてね！
取りたい帽子の子をずっと、目でも追いかけてね！
わーい！まだとられてないよ～！
ゆだんしてるな～！
ねらってるの！
しゅっ しゅっ

保育者の願い・思い & ことばがけ 1

その子なりに努力している動きや、向上しているようすを、具体的に応援して伝えたい。

保育者の願い・思い & ことばがけ 2

どうすればうまく帽子が取れるようになるのか、コツを知らせよう。

この活動で育つ「からだ力」

からだ

○体幹○肩周囲○腕○股関節周囲○脚○心肺機能

うごき

○バランス○リズム○連結○定位○変換○識別

きもち

○目的○集中・緊張・挑戦○誇らしさ○高揚感○爽快感○達成感○自信・共有○競争

ポイント＆次へのステップ

- 帽子を複数用意しておくと、自分が取られても帽子がなくなるまで参加できるので繰り返し楽しむことができます。
- 取る動作と取られまいとする動作、それに走る動作が加わって、より複雑な動きが要求される遊びです。３チームで展開するとさらに顕著になり、「からだ力」の向上につながっていきます。
- 体だけではく、頭も使う遊びです。繰り返すことでコツがわかってくるので、それぞれが自分のめあてを持って参加でき、何日も続けて楽しむ姿が見られます。また、友達の動きを参考にしながら、より帽子を多く取るため工夫したり、チームで作戦をたてたりするなど年長児ならではの楽しさが味わえる遊びです。

★運動会種目へのヒント★

「３色帽子取りリレー」
を上の三つめ文章をアナウンスしてよさを説明してからやるとよいでしょう。
年長児らしい種目としていかがでしょう？

遊びを発展・展開！…広げ方

３色帽子取りリレーver.

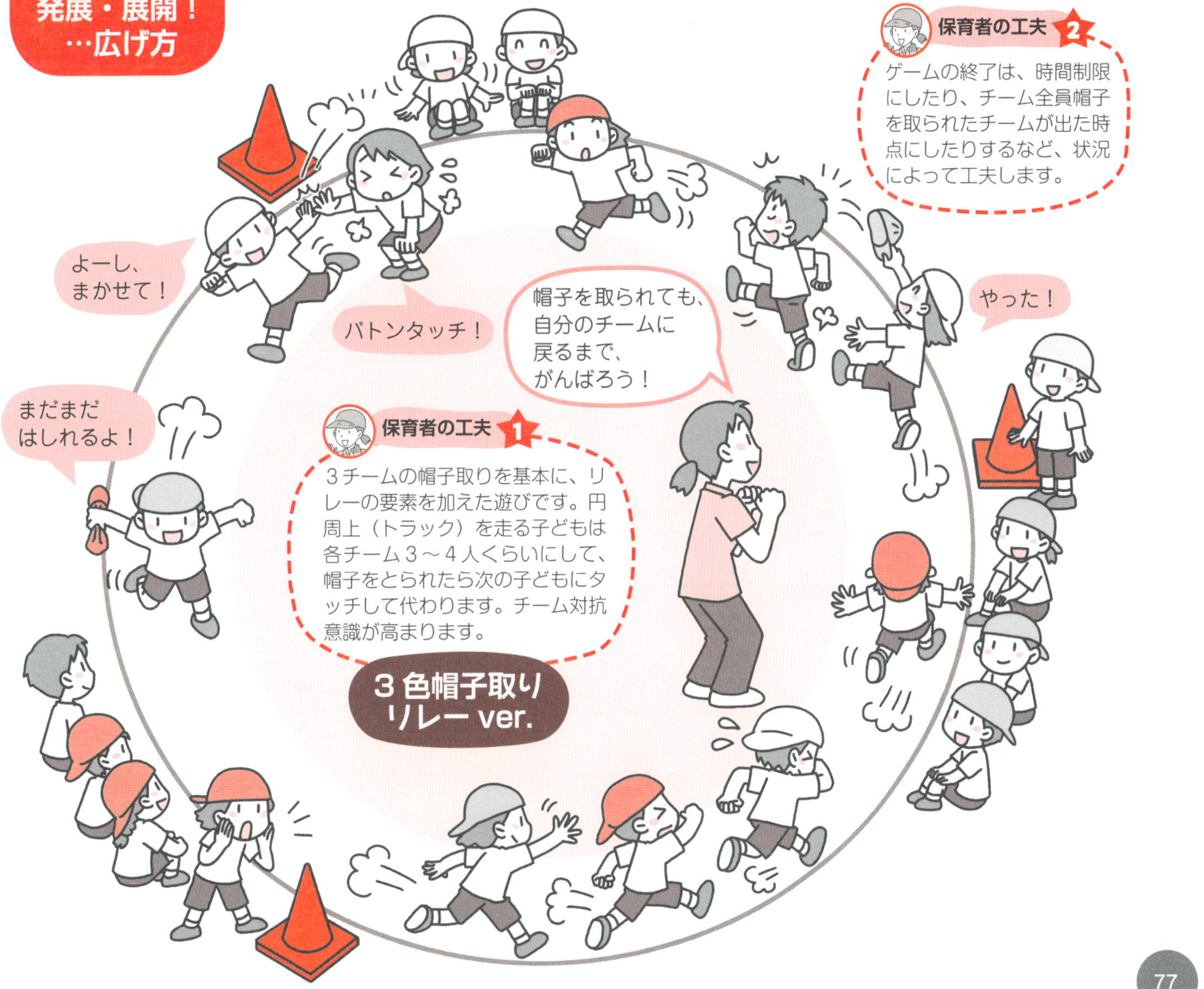
よーし、まかせて！
バトンタッチ！
帽子を取られても、自分のチームに戻るまで、がんばろう！
やった！
まだまだはしれるよ！

保育者の工夫 1

３チームの帽子取りを基本に、リレーの要素を加えた遊びです。円周上（トラック）を走る子どもは各チーム３～４人くらいにして、帽子をとられたら次の子どもにタッチして代わります。チーム対抗意識が高まります。

保育者の工夫 2

ゲームの終了は、時間制限にしたり、チーム全員帽子を取られたチームが出た時点にしたりするなど、状況によって工夫します。

5歳児 “マイラケット”なら勝てるかも？ピンポン遊びしよう！

用意するもの

ピンポン球、段ボール
割りばし

子どもの姿から環境づくり

ピンポン球を使って卓球のようにして遊ぶ姿が見られたので、段ボールを用意してラケットを作ることを提案した。

先生の玉
返せるかな？
ラリー
したいな！

環境の工夫や援助

友達と打ち合いが始まったところで、積み木などでまん中の仕切りを作る。

- 子どもの名前や点数をかけようなボードを用意する。
- 玉が転がって行かないように、ある程度囲まれた空間で遊ぶように提案する。

メインの遊び

自分で作ったラケットで、ピンポン球を打って遊ぶ。

こうして遊んだ

- ２人ぐらいで始めたが、ラケットを作るおもしろさや、マイラケットを持つ優越感に魅かれ、次々と子どもたちが参加して作り始めた。
- 保育室の積み木を高く積んで仕切りにし、2･3人ずつコートに入って打ち合いをして遊んだ。
- 何度打って返してもよいという、自由なラリーのルールで楽しんだ。
- いろいろな場所にラケットとピンポン球を持って行き、打って遊んだ。

「からだ力」パワーアップ！のための遊び方

うしろあて
きまり！
ほら！
玉をよく見てね！
ラケットの持ち方
だいじょうぶかな！
卓球選手みたい！
動きの研究
してるのね。
だれかが
打ち返したら
ＯＫにしようか？
ラケット
最強マークが
カッコいいね！
ラケットに
あたったら、
OK にして！
ぼくがつくった
ラケット
かっこいいでしょ！

保育者の願い・思い＆ことばがけ 1

ラケットという用具を使って遊ぶおもしろさを感じるために、玉をよく見ることや、ラケットに当てるコツを伝えたい。

保育者の願い・思い＆ことばがけ 2

子どもたちが考えたルールを基に、わかりやすく楽しく続けられるルールにできればいいな。

保育者の願い・思い＆ことばがけ 3

勝敗や点数だけでなく、難しいことに挑戦している満足感や、作った道具を使うおもしろさなど、子どもが何に楽しさや喜びを感じているのかを見取って、それぞれの子どもに言葉をかけたい。

「からだ力」パワーアップ！ チャレンジ遊び

この活動で育つ「からだ力」

からだ

○体幹○肩周囲○腕○脚

うごき

○連結○定位○変換
○識別

きもち

○めあて・目的○集中・緊張・挑戦○達成感・自信○刺激・あこがれ
○競争（おもしろさ・悔しさ

ポイント＆次へのステップ

- はじめはラケットに玉を当てることができない子どももいますが、それだけに一度でも当たるとうれしく、達成感を味わうことができます。また、自分よりも年上の人がするような遊びができていることへの喜びも感じられます。
- 相手の玉が、いつ、どこからやってくるかわからないおもしろさが「からだ力」の高まりにもつながります。
- 最初のうち、ラリーはほとんど成立しません。しかし、“当てよう”“返そう”と挑戦する意欲が、とんでくる玉の動きを見たり、場所を移動してラケットを振ったりする動きを助長し、「からだ力」を高めることにつながっていくと思われます。
- 試合をしている横でラケットを作る場があったので、仲間に入りやすかったようです。
- 道具を扱うおもしろさを感じることができます。また、段ボールのラケットは大きさも重さも手ごろで扱いやすく、自分で作るので愛着がわき、遊びにも楽しく取り組めるようです。

★運動会種目へのヒント★

P.86の「保育者の願い・思い＆ことばがけ③」を見てください。
『子どもが何に楽しさや喜びを感じているのかを見取って…』
子ども中心に種目を考えていきましょう！

遊びを発展・展開！…広げ方

壁打ちラリー

保育者の工夫 1

ひとりでも2人でも遊べます。壁にワンバウンドしたものを打つので、玉の動きが追いやすく、打ち返しもしやすくなります。

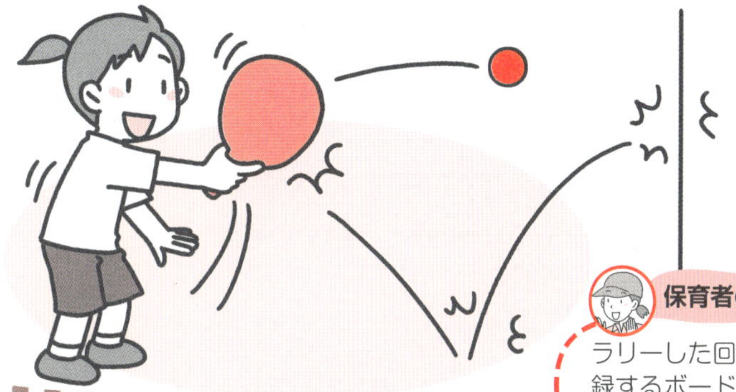

保育者の工夫 3

ラリーした回数や勝敗を記録するボードも用意すると、ゲームが盛り上がります。

ラリー＆勝敗ボード

ぴんぽんたいかい
くまちーむ ○○○
きつねちーむ ○○○○
カッコいい！
がんばれ～！！

保育者の工夫 2

人数が増えてきたら観客席なども作って、応援にも力を入れて盛り上げます。観客の子にとっては、選手の子の動きが、「刺激」や「あこがれ」になり、自分もしたくなるでしょう。

ピンポン大会

5歳児

ナイスフォームで的ねらい！ボールで遊ぼう！

用意するもの

ボール、的、記録用ボード

子どもの姿から環境づくり

ボールを投げる遊びを始めたので的を作った。的に当てて遊ぶだけでなく、的の前でボールを受けようとする姿が見られたので、キーパーを配置してゲームの要素を取り入れた。

先生ガードするよ！
当てられるかな？
もちろん！
それっ！

環境の工夫や援助

- 的に何回ボールが当たったのかを記録するボードを用意した。
- 子どもによって投げる位置が変えられるように、ラインを何本か引いておいた。

メインの遊び

壁の的に目がけてボールを当てて遊んだり、キーパーの妨害をかわして的にボールを当てて遊ぶ。

こうして遊んだ

- 的から数メートル手前に線を引き、キーパー役の子どもにボールをはじかれないよう、動きや投げ方を工夫しながら、ねらいを定めて投げていた。
- 的を増やしたり、キーパー役を交替したり、キーパーの人数を増やしたりしながら何度も挑戦して楽しんだ。

「からだ力」パワーアップ！のための遊び方

わーい！
ごめんね～！
こんどは、
まとだ～！
腕をひじごと引いて、
腕と反対側の脚を
一歩前に出して、
的をしっかり見ながら
それ、当たりー！

保育者の願い・思い ＆ ことばがけ 1

片手投げのコツを伝え、的に命中した喜びや爽快感を味わわせたい。

保育者の願い・思い ＆ ことばがけ 2

的にはすぐには当たらなくても、友達といっしょに遊ぶ楽しさを感じながら何度も挑戦してほしい。

保育者の願い・思い ＆ ことばがけ 3

それぞれが自分なりにめあてを持って投げているのを認め、上達しているようすを伝えたい。

次は
的に命中
させてね！
1番小さい的に
当てるの？ すごい！
2番目のは
当たったものね
遠いラインから
挑戦だー！
ステップアップだね！
のりお
かおり
くみ
こんどは
ここから
ちいさい
まとだ～！
とおいラインから
ちょうせんだ！

「からだ力」パワーアップ！ チャレンジ遊び

この活動で育つ「からだ力」

からだ

○体幹○肩周囲○腕
○股関節周囲○脚

うごき

○バランス○反応○連結
○定位○識別

きもち

○めあて・目的○集中・緊張・挑戦○達成感・自信○競争（おもしろさ・悔しさ）

ポイント＆次へのステップ

- キーパーという妨害を設けたことで、的に当てる遊びがより難しくなり、おもしろ味が増して継続した遊びにつながったようです。
- 人数が増えてくると順番に並びながら友達の投げ方を見て研究できるので、投げ方がじょうずになっていくようです。
- キーパーを交替したり、人数を増やしたり、的の数や位置を替えたりするなど、子どもたちの思いや工夫をルールに組み込んでいくことでゲーム性が高まります。また、いろいろな動きや役割を経験したことで多様な動きにつながりました。

★運動会種目へのヒント★

保育者はいつも子どもの笑顔のために創意工夫を自分も楽しみながらしていますね。幼児期の運動もそこからです！　どれだけ笑顔で遊べるかです！　知らず知らずのうちに、いろんな動作をしかも楽しくしている、運動会の種目は、その延長線上にあるはずですね。保護者にもそこを伝えたいですね！

遊びを発展・展開！…広げ方

保育者の工夫 1

固定の的ではなく、保育者が持つなどして移動できる的に当てて遊びます。的も大・小など用意すると、難易度が出てよりおもしろく遊べます。

あっち、こっち動く的

まて、
まて～！
当ててごら～ん！
あてるぞ！

それ！
よし、
ジャンプで、
ガード！
まもるぞ！
チャンス、
あのまとだ！

保育者の工夫 2

キーパーを増やして遊びます。妨害で難しくなるので、左右のスペースを広くしたり、的を大きくするなどの工夫をするのもよいでしょう。

じゃまじゃま！キーパーズ

5歳児

グルグル回れ回れ！ 縄のメリーゴーラウンド

用意するもの

短縄、
フープ、
支柱

子どもの姿から環境づくり

縄の真ん中で友達の縄と交差させ、それぞれの縄の両端を持って引っ張りっこをしていたので、回って遊ぶことを提案した。大人数になってからは、次々と子どもたちとイメージを共有しながらダイナミックな遊びを考え出したり提案したりした。

先生とグルグル回りしようよー！
ＯＫ！
プロペラまわりだ！

環境の工夫や援助

人数が増えるたびに遊びが発展していくので、タイミングを見計らって、フープや支柱を使うのを整えたり、手伝ったりする。

メインの遊び

短縄を使い、友達といっしょに、いろいろな動きをして遊ぶ。

こうして遊んだ

- 最初２人で縄を持って回っていたが、人数が増えると、気持ちや速度を合わせて回って楽しんだ。
- もっと人数が増えると、一旦回るのを止め、縄を持った子の腕の上げ下げに合わせて、縄を持っていない子が縄の間をくぐったりして通り抜ける遊びをした。
- さらに大人数になったので、フープやポールを使って、たくさんでその周りが回れる、メリーゴーラウンド遊びをした。
- 音楽に合わせて回ったり、年少児に見せたり、縄を結んで遊んであげたりした。

「からだ力」パワーアップ！のための遊び方

縄はお互いピンと引っ張って、相手と同じスピードで回ってね！

４人ですごい、回れてる～！速い、速い！

保育者の願い・思い＆ことばがけ 1

縄を引っ張る力加減や、走る速度を調節したりするなどのコツを伝えたい。

保育者の願い・思い＆ことばがけ 2

難しい動きを達成したときのうれしさや「高揚感」に共感し、さらに速く回りたい！もっとたくさんで遊びたい！の思いにつなげ、ステップアップしてほしい。

もっとみんなでしたらメリーゴーラウンドになるよね！

めがまわりそう！でも、おもしろい！

わー！わたしもやりたーい！

この活動で育つ「からだ力」

からだ

○体幹○肩周囲○腕
○股関節周囲○脚

うごき

○バランス○リズム
○連結○変換○識別

きもち

○繰り返し○目的
○集中・緊張・挑戦
○高揚感○共有

ポイント＆次へのステップ

- だれでも持っている身近な用具「縄」を「からませる」という簡単な操作で、縄を引っ張りながら、体は横方向に進んで回転する複雑な動きができるのが、この遊びの魅力です。
- 縄を持って走って回るのは簡単ですが、速く走ることで難易度が上がります。同様に「いろはにこんぺいとう」などの遊びでは、縄をまたいだりくぐったりする動きは簡単ですが、縄を持っている子どもの腕の動かし方によって難易度が上がり遊びがおもしろくなります。
- この遊びはどれも、縄を介して引き合うことで成立しているので、友達の力を感じながら、力加減をコントロールすることが必要です。特にメリーゴーラウンドは、友達とぶつからないように一定の速さで走るので、動きのコントロールも必要とされる動きの洗練化につながる遊びです。
- 「いろはにこんぺいとう」の遊びのように、縄が触れると交替するなどのゲーム性を取り入れると、友達との楽しいかかわりが経験でき、「集中・挑戦」などの気持ちから「繰り返し」遊びたくなります。

★運動会種目へのヒント★

縄やフープといった身近な運動遊具で、５歳児ならではを！
「メリーゴーラウンド」は上の三つめの解説にあるように、それにピッタリ！

遊びを発展・展開！…広げ方

エイヤー！
“いろはに
こんぺいとう
エイヤー”

保育者の工夫 1

縄を持つ子と、通り抜ける子に分かれます。縄を持つ子は、“いろはにこんぺいとう、えいや！”の掛け声で、手もリズムよく動かしながら回わり、最後の“えいや！”で動きも縄を持つ手もストップします。そのとき、手は高低・左右さまざまな位置で止め、縄を通る子は、縄に触れないように通り抜ける遊びです。

“いろはに、こんぺいとう～”DE 縄越え、縄くぐり

友達との気持ちを揃え、スピードやタイミングを図るような、歌のフレーズを教えます。

保育者の工夫 2

大勢の子どもたちが参加できます。音楽に合わせて回ったり、歌のフレーズでリズムよく回って遊びます。合図で、回る方向を変えて遊んでも楽しいでしょう。

メリーゴーラウンド

5歳児 キックして遊ぶのが好きになる！どこでもサッカー

用意するもの

サッカーボール（けってもよいボール）、段ボールで作った的

子どもの姿から環境づくり

ボールをけって遊び始めたので、取り外し自由な的を用意し、固定遊具など子どもたちが好きな場所に取り付けて、当てて遊べるようにした。

的に当たるかな？
バッチリキックするよ！

環境の工夫や援助

段ボールで、さまざまな大きさの的を作り、油性ペンで好きな模様を描いたり点数を書いたりしておく。

メインの遊び

ボールをけったり、的に当てたりして遊ぶ。

こうして遊んだ

- 的を作って総合遊具の好きな場所に取り付け、サッカーボールを当てて遊んだ。
- 当たりにくい的の取り付け位置を調整したりして、当たりやすくして遊んだ。
- 高い所はハンドキック（上からボールを落とし、ワンバウンドしてきたボールをける）で当てて遊んだ。
- ハンドキック遊びで、ボールが遊具を越えて遠くまで行ったので、今度はより高く遠くへ飛ばす遊びになった。
- “どこでもゴール”を作り、園のいろんな場所に置いて、友達とボールを奪いあいながら的に当てて遊んだ。

「からだ力」パワーアップ！のための遊び方

よっ！、よっ！
まて、まて！

ナイス・キック!!
ボールをしっかり
追っかけて～、
その調子！

保育者の願い・思い & ことばがけ 1

まず、けること自体のおもしろさが感じられるように、ける→けったボールまで走る→再びける。という動作に共感し、励まし、「繰り返し」やりたくなる気持ちにつなげたい。

よしっ、いれるぞ
シュート！
いい角度！
そこで思い切りけって！
タイミングばっちり！

保育者の願い・思い & ことばがけ 2

的をねらい始めたら、けり方、力加減、的との距離などに着目してアドバイスし、みずから意識できるようにする。

やった～！
とんだぞ！
高く飛んだね～！
今度は、お空目がけて
キックしてみようよ！

保育者の願い・思い & ことばがけ 3

高く遠くにけり始めたら、その「爽快感」に気づかせ、的ではなく固定遊具を超えて、遠くにあるものに届くようにけるなどの提案をする。

この活動で育つ「からだ力」

からだ

○体幹○股関節周囲○脚

うごき

○バランス○リズム○連結○定位○変換○識別

きもち

○繰り返し○目的○達成感・自信○刺激・憧れ○競争（おもしろさ・悔しさ）

ポイント＆次へのステップ

- ボールの扱いに慣れていない子どもにとっては、ゴールに思いどおりけり入れるのが難しかったり、友達とのパスが続かなかったりで、なかなか楽しいと思うレベルにまでいきません。そこで、個々に繰り返し楽しめる的当てをしてみました。個人プレーが基本ですが、友達が同じような動きをしていることが刺激となって持続につながります。的とボールは共用とし、多数用意しておきます。
- けったボールの行方を見ながら、けり方や力の入れぐあい、的との距離などを調節しながら繰り返すことで、下半身を主としたコーディネーション能力につながる遊びができます。
- 慣れてきたら、１つのボールを使って２人以上でゴールを狙う遊びを提案します。友達とボールを奪い合うおもしろさが感じられるようになったら、ゲーム形式のサッカー遊びにつなげていってもよいでしょう。

★運動会種目へのヒント★

「ボール DE よーい、ドン！」のゴールに的を置いて、組み合わせてみましょう。

遊びを発展・展開！…広げ方

保育者の工夫 1

的を、園庭にあるもの（遊具や木など）の、好きな所へ自分で取り付けます。どの的に当ててもOK。時間内でいくつ当てられるか、自分に挑戦する遊びです。クラス全員ですると盛り上がります。

ねらった的へキック DE ポンッ！

保育者の工夫 2

何人かでゴールまでボールをけりながら「競争」し、早くゴールインした子が勝ちです。ける方向やスピードをコントロールしなければいけないので、コーディネーション能力が高まります。

ボール DE よーい、ドン！

5歳児

歌って、弾んで！ 楽しいまりつき

用意するもの

まり、フープ、縄跳び

子どもの姿から環境づくり

まりをつくのがじょうずになってきたので、いろんなつき方をいっしょに考えて、遊びが広がるようにした。

まりつき じょうずになったね！ 先生に見せて！
くるりんわざ みて！

環境の工夫や援助

- まりの数はできるだけ多く用意する。
- まりと組み合わせて使うとおもしろい用具を、身近なところに置いておく。

メインの遊び

まりで、いろいろなつき方をして遊ぶ。

こうして遊んだ

- はじめは、まりをつける数が増えていくのを喜んだ。
- その場で動かずに何回つけるかに挑戦した。
- 保育室にビニールテープで、いろんな大きさの枠をつくっておき、その中でまりをついた。
- “歌に合わせて”、“途中でキャッチ”、“座って”、“歩きながら”、“一回転してから”、など、いろいろなつき方の技を考えてついた。
- 歩きつきをしている間に、「だるまさんがころんだ」の遊びが始まった。

「からだ力」パワーアップ！ のための遊び方

5回も続いてるね、すごい、すごい！ うまくなったね～！

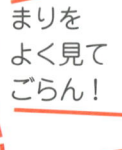

保育者の願い・思い ＆ ことばがけ 1

転がさずに続いていることを認めて回数を数え、上達していくようすを伝えて、まりつきのおもしろさを味わえるようにしたい。

まりを よく見て ごらん！
もう少し強く ついてみよう！
ぱっ
くるっ

保育者の願い・思い ＆ ことばがけ 2

より上達するためのコツや、「からだ力」を高めることばがけをしよう。

足を動かさず、背中を伸ばして つけるかな？

みんなの考えた技、おもしろいね！ 名前付けると、もっと おもしろいよ！
くる
くる
くる
くる
この小さいほうの 丸にも挑戦してみよう！

保育者の願い・思い ＆ ことばがけ 3

自分なりのめあてを持ったり、達成感を感じたりしながら、繰り返し取り組んでほしいな。

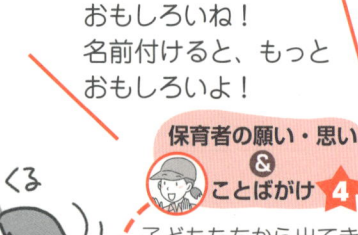

保育者の願い・思い ＆ ことばがけ 4

子どもたちから出てきた技を取り上げて、保育者がヒントを出しながら、自分で技を考えて遊ぶおもしろさを感じ、多様な動きにつながればいいな。

「からだ力」パワーアップ！ チャレンジ遊び

この活動で育つ「からだ力」

からだ
○体幹○腕○肩周囲
○股関節周囲○脚

うごき
○バランス○リズム
○反応○連結○識別

きもち
○繰り返し○目的○工夫
○集中・挑戦○達成感
○刺激○あこがれ

ポイント&次へのステップ

- まりの動きに合わせて自分の動きを変化させたり、まりをつき続けるためには一定のリズムを保ったりすることが必要になるので、「リズム」「反応」「識別」などさまざまなコーディネーション能力が高まります。
- 歌いながらまりをつくことで、歌に合わせてリズムよくつくこと、歌の終わりまで転がさずにつくなどのめあてが持ちやすいです。
- 連続してつけるようになってきたら、技を考えるおもしろさを加えることで、さらに多様な動きが生まれ、動きの洗練化につながります。
- まりつきが上達したら、まりとほかの用具を組み合わせるなどの提案をし、さらに意欲を高め、「からだ力」を高められるようにします。

★運動会種目へのヒント★

5歳児らしさを発揮できる種目を！

遊びを発展・展開！…広げ方

クマさんクマさん ポンポンポン♪

保育者の工夫 1

まりをつきながら保育者や友達の歌詞を聞いて次のまりのつき方を確認するという遊びです。同時にいくつものことをするという高度な能力が必要となり、コーディネーション能力を高めることにつながるでしょう。

クマさんクマさん
両手で取って♪
クマさんクマさん
おしりを振って♪
クマさんクマさん
片手を上げて♪

2人で仲よく ポンポンポン♪

保育者の工夫 2

友達といっしょに、歌に合わせて途中でまりをチェンジする遊びです。それぞれがまりを同時にチェンジするとより難しくおもしろくなります。

まり＋フープDE技あり

保育者の工夫 4

縄跳びとフープ、それぞれをまりと組み合わせた遊びです。ほかの用具を組み合わせる提案で、さらに遊びが楽しくなり、用具を扱うおもしろさも感じながら意欲を高めていくことができます。さらに動きの洗練化につながります。

まり＋縄跳び DE 技あり

だるまさんがころんだ！まりVer.

保育者の工夫 3

「だるまさんがころんだ」の遊びをまりを使ってします。まりをつきながら鬼のところまで進み、「だ」のところでまりを持ってストップします。まりつきにルールがプラスされて制約がつくことで動きの洗練化につながります。

ピタ！
転がすチャンスは3回だよ！
あてるぞ、それ！
きゃっ！

保育者肝心帳！「からだ力」UP！を支える心得！ヒント！その②

遊びを考えるときは！

●ひとつの遊具に十分親しみじっくりかかわることが大切。

↓

子ども自身がその遊具に慣れ、特性を把握して遊び込むことで自由な動きが生まれ、より大胆な動きやダイナミックな遊び方ができるようになり、運動量も増えていく。それができる十分な時間と自由な雰囲気が必要。

●子ども自身が、いろいろな遊具を組み合わせて、遊び方をどんどん変化させていけるものは、何度も繰り返してやりたくなる。

▲ P.60 組み合わせて作ろう！板で遊べる楽しい遊具

●「できる」「できない」を気にせずに楽しめる遊びがよい。
●何をするか、見ただけですぐわかるような遊びがよい。

↓

だれでも取りつきやすく、苦手な子どもでもやってみようという意欲が生まれることが大切。

▶ P.44 坂道ならもっと楽しいよ！キャタピラ遊び

●経験させたい動きが楽しめる環境を工夫する。

↓

例えば、玉やボール遊びには、当てる、入れる、ねらって投げる、思い切り遠くへ投げる、集める、飛んでくる玉から身をかわす、など、いくつもの動きがあることを保育者が知り、ねらいに沿ったうえで、動きがより楽しくなるような用具・遊具類などの環境構成をする。

▲ P.91 掛け声“せーの”で、ナイスキャッチ！

●子どもの生活の動線に、「跳ぶ」、「ケンパをする」、「乗り越える」といった、いろいろな動きにつながる場の環境の工夫をする。また、園生活の中でも、背もたれのないイスに座ったり、遊具や用具など、重たいものを友達といっしょに運んでかたづけるといったような機会を、遊びや活動の中に組み込む。

▲ P.123 ケンケンをして保育室に行く

「からだ力」パワーアップ！展開エトセトラ

ひとつの遊びや活動がその場限りのものではなく、時間をたっぷりかけることで、どう変化していくかのようすを実践を追って紹介しています。保育者の働きかけによって、子どもたちが意欲的に遊びに取り組み、遊びがどんどん変化していき、それにともなって、「きもち」「うごき」「からだ」が育ち、**「からだ力」**がアップしていくようすを記しています。
また、遊びを助ける遊具や用具、きっかけづくりや意欲にかかせないアイテムなどの使い方などもたっぷり紹介しています。
さらに、運動という活動の時間だけではなく、ふだんの園の生活の中でも**「からだ力」**UP！ につながるアイディアを多数紹介。保護者も巻き込んで、動いて遊ぶことが楽しく、運動が大好きになる子どもを応援していきましょう！

玉を使って遊ぼう！ 1

こんな取り組み

- 「投げる」動きを通して、遊具、用具を操作するおもしろさを感じられるように、布玉と的のボードを用意した。
- ボードは、水族館に遠足に行く機会があるので、興味が持てるように魚の装飾をして、口に穴をあけた。
- 魚の口に玉を投げ入れる活動が、子どもたちの自由な発想と保育者の働きかけによってどう発展するか。遊びの変化を見守り、その経過を「からだ力」の視点から追ってみた。

ジンベイザメの、おくちへポーン！

遊んだ遊具・用具

●布玉 ●的（段ボールやボール紙でボードを作り、絵を描いて口を切り抜いておく）●洗濯ばさみ（適宜）

こうして遊んだ

- ジンベイザメの口を的に、玉を投げ入れて遊んだ。
- 保育者が距離の遠近を加減して入れると、距離によってスピードをつけたり、ねらう角度を工夫するなどの子どもが出てきた。遊びにおもしろ味が加わって、その刺激で複数の子どもが参加してきた。
- 投げる玉が減ってくると、的の中から取り出して、遊びを続けようとする流れが見られた。

子どもの姿から

玉が的に入った「達成感」が繰り返し続けることにつながり、新たに取り組む子どもは、保育者や友達が楽しそうにしていることが「刺激」になっていることがわかった。

エイのおくちにもそれっ！

ボードを越して、陣地へポーン！

遊んだ遊具・用具

●布玉 ●ボード（ジンベイザメの的を利用）●カラーバケツ

環境の工夫や支援

ボードが倒れないよう、補強用にカラーバケツを利用して支えにした。

こうして遊んだ

- M男が上段「ジンベイザメ～」に使ったボードを広げはじめたのでいっしょに手伝い、カラーバケツで支えた。
- ボードを境に陣地ができたことで、対面する側へボールを投げ入れる遊びが始まった。
- 投げ方にも工夫したりしながら、どんどん滑らかに上達していくようすが見られた。また、玉の拾い集め方の要領もよくなっていった。

子どもの姿から

途中参加の子どもに保育者が、穴から投げ入れることを伝えたり、入ると認めたりしたが、ひたすら投げることが楽しいようすだった。投げ方が滑らかになったり、拾い集め方の要領がよくなったりしたことから「連結」能力が育ったと思われる。

こっちは、ぼくらのじんちだからね！

「からだ力」パワーアップ！ 展開エトセトラ

1 ・・・遊びの経過

メインの活動・運動：ねらって投げる → 投げ合う → カゴやバケツで受ける → 掛け声に合わせて投げる

キャッチOK！ カゴで、バケツで！

遊んだ遊具・用具

●布玉 ●ボード●カゴやカラーバケツ

こうして遊んだ

- 玉が入ったカゴに気づいたK男が、「ここに入れて！」と反対側の子どもに伝えると、そのカゴに投げ入れる遊びが始まった。
- 飛んできた玉に合わせてカゴを上下左右に動かしてキャッチしたり、穴から入れようとする子どもにはカゴを穴に近づけるなどして遊んだ。さらに、カゴがいっぱいになってくると、カゴを斜めにするなどで飛んできた玉がしぜんに転がり出るように投げ入れる遊びに専念した。
- 「玉を入れる人は○円払ってください」など、ごっこ遊びも始まった。

子どもの姿から

ボードの内側にいる子どもたちが、自分たちの考えたルールを伝えたことで共通の「イメージ」ができ上がり、遊びが一層おもしろくなったようだ。また、玉をカゴでキャッチする遊びは「識別」能力の高まりにつながると思われる。

掛け声“せーの”で、ナイスキャッチ！

遊んだ遊具・用具

●布玉 ●ボード●カラーバケツ

こうして遊んだ

- T男は、玉を片手で2～3個ずつつかみ、両手で同時に投げ入れ始めた。それを保育者が認め、「すごい！5個も入ったね」と褒めると、何度も繰り返して遊んだ。周りの子どももT男をまねて、たくさん玉をつかんで投げる遊びが始まった。
- 保育者がテラスから掛け声を出して投げてみせると、何人かがまねた。さらにG男が、「せーの」の声に合わせて上から投げるのをきっかけに、「イチ、ニのサーン」などの掛け声も出て、タイミングに合わせて投げたり取ったりする遊びが始まった。

子どもの姿から

玉を両手でたくさん持って投げ入れるという動きは「たくさんいれたい」という子どもの気持ちから生まれたしぜんな動きだといえる。また、この遊びによって動作が大きくなりそれまで以上に「肩周囲」がよく動くと思われる。

2・・・遊びの経過

玉を使って遊ぼう！2

メインの活動・運動
玉を思い切り投げる ・・・・・・ 玉の当て合いをする ・・・

ボードをはさんで、おもいっきり！

遊んだ遊具・用具

●布玉●ボード（ジンベイザメの的を利用）●カラーバケツ

いっぱい
なげるよ！
こっちも、もっと
おもいっきり、それっ！

こうして遊んだ

- 雨の日に、子どもたち数人が、ボードをテラスにセットし、内側（部屋）と外側に分かれて、玉を投げ合う遊びが始まった。雨が止むと、外側に向けて思いっ切り玉を投げだすことがおもしろくなっていった。
- 内側にある階段状の舞台の上に乗って、カラーバケツで玉を受ける遊びが始まり、舞台の上から投げることのおもしろさに気づいて遊びが続いていった。

子どもの姿から

舞台の上から投げることで、さらに思いっ切り投げる動作に発展し「爽快感」を感じながら遊んでいたようだ。

投げたり、よけたり、ポンポン合戦！

遊んだ遊具・用具

●布玉 ●ボード（ジンベイザメの的を利用）

Y男くんすごい！
玉をよけながら
投げているんだね！
サッ
サッ

こうして遊んだ

- ジンベイザメの口へ入れる遊びは、ボードとの適当な距離感を伝えると、うまく入るようになって、コツも覚えておもしろくなり、何度も繰り返して遊んだ。そのうち、仲間が加わって玉の投げ合いが始まった。次第に盛り上がり、反対側の友達をねらって当てようとする流れになった。
- Y男が玉を拾いながら、相手側からの玉を上半身を動かしてうまくよけるようすを見た保育者が、「すごい、Y男くん！」と声がけするのをきっかけに、玉の当て合い遊びが始まった。

子どもの姿から

玉を拾いながら玉をよける動作には、これまでにはなかった相手の動きに合わせて切り返す動きが要求され、「変換」能力を高めることにつながったと思われる。

「からだ力」パワーアップ！ 展開エトセトラ

走っている友達をねらって玉を投げる

友達を追いかけて玉の当て合いをする

歩いたり走ったりしている友達をねらって玉を投げる

相手の基地から、ダッシュで抜けよう！

遊んだ遊具・用具

●布玉 ●ボード●カゴやカラーバケツ ●すのこ

こうして遊んだ

- ボードの内側を基地にして遊んでいたM男は、さらに外側に向け、すのこを並べて道を作った。
- 保育者やほかの子どもが道を歩くと、基地からM男の玉が飛んでくるようになった。保育者が「当たった！」と言いながら道を走って渡ると、ほかの子どもも「当たらないようにしよう！」と走って通り抜けるようになった。
- 基地側に数人子どもが増え、走り抜けようとする子どもにどんどん玉を投げてくる遊びになった。

子どもの姿から

走り抜けようとする子どもをねらって玉を投げる動きは「定位」「識別」能力につながるだろう。

玉はいっぱい！ さー、当てよう！

遊んだ遊具・用具

●布玉

こうして遊んだ

- 前回の遊びの延長で、散乱した玉を拾っては投げ合っていたA子とN男は、次第に一度にたくさん玉を集めることを思いつき、抱えながら相手に当たるまで追いかけて投げるようになった。
- 当たると、逃げる方と追いかける方がチェンジするルールがしぜんにできていて、遊びが続けられた。

子どもの姿から

走りながら玉を投げることによって、より高度な動きが必要となり「からだ力」の高まりにつながると思われる。

歩いて、よけて、またいで、投げて！

遊んだ遊具・用具

●布玉●ボード ●カゴやカラーバケツ ●すのこ

こうして遊んだ

- M男が作ったすのこの上に、K男が、「ビリビリ玉」と言って並べた。
- R男が「すのこの上は歩いてください」とアナウンスしながら、すのこの子どもにキップ代わりのビリビリ玉を渡した。
- すのこの子どもは基地からの玉をよけ、ビリビリ玉をまたぎながら歩いたり走ったりして、もらったビリビリ玉を基地側にいる子どもに目がけて投げて遊んだ。

子どもの姿から

遊びのイメージが伝わり「共感」できることで、「めあて」が明確になった。同時に、「緊張感」や「達成感」が高まり、遊びのおもしろさも増していった。そんな姿を見て「刺激」を受け、さらに仲間が増えていったようだ。

玉を使って遊ぼう！ 3

メインの活動・運動

玉を拾いながら棒の上を歩く ・・・・・ 移動式のカゴに玉を入れる

拾って並べて！ バランス橋渡り

こうして遊んだ

- 巧技台に掛かっている、棒を登って遊んでいる子どもがいたので、上に玉を並べて、踏まずに歩いてみることを提案した。するとR男が玉を拾いながら棒の上を歩き出した。
- 保育者が「すごいなー！」と褒めると、いっしょにいたS男、O子、T男もまね始めた
- 玉を並べたり、玉を拾いながらもう一方の板を歩いて降りたりする遊びが始まり、「6個持てた」「7個持てた」などと、友達と競いながら遊びが続いた。

子どもの姿から

玉をまたいで巧技台の棒を登っていくことで、「バランス」能力につなげたいと思った保育者の発想を上回る子どもの活動が見られた。子どものしぜんな動きの中に、たくさんの「からだ力」につながる動きがあることがわかった。

遊んだ遊具・用具

●布玉●巧技台●板（すべり台仕様、棒状）●すのこ

持って歩けるのね、すごいね！

カゴにめがけて“せーの”でポイッ！

遊んだ遊具・用具

●布玉 ●カゴ

こうして遊んだ

- うんてい（複合遊具やジャングルジムなども）に、取り外し可能なカゴを付けておいた。玉入れにあまり興味を示さなかったH子を誘い、“せーの”の掛け声でいっしょに、カゴに玉を投げた。
- 「このカゴ、場所変えられるけれどどこにする？」とたずねるとH子は高い位置を指差した。
- 保育者はその場所にカゴを取り付け、「高いけれど入るかな？」と言うと、H子は玉をカゴに目がけて投げ出した。

子どもの姿から

玉入れの遊びにあまり興味を示さなかった子どもだったが、保育者といっしょにしたことや、「めあて」となるカゴを付ける位置を自分で選ばせたことで、みずからも意欲的に玉入れを楽しめたようだ。

どこにカゴを置くのがいい？
いちばんうえがいい！

走っている友達をねらって玉を投げる → 玉を思い切り上に投げ上げる → 友達の持つカゴに入れたり、玉から逃げたりする

まとめ

- 玉で遊ぶときには、活動の流れにあるいくつもの動きを、保育者が十分知っておく必要がある。
- 経験させたい動きや活動のねらいを、より楽しく、より「からだ力」につながるよう、準備する用具や環境構成にも配慮したい。
- この一連の活動では、“玉を投げる”や“的をねらって投げる”などの動きを中心に、主にコーディネーション能力（『識別』『定位』）の向上が見られた。また、めあてへの達成は多様な動きを生み、洗練化にもつながっていった。

みんなで集めたお宝、投げちゃえ！

こうして遊んだ

- カゴに投げ入れた遊びの延長で、今度は、何人かで玉を拾い集めだした。カゴに入れていくうちすぐにいっぱいになったが、「まだ入る」と言いながら、今度は玉を宝物に見たてて集め始めた。
- すべての玉を拾い集めるとそのうちのひとりが“おりゃー！”と言いながら上に投げ始めた。
- “だめー”と言った子もいたが、投げているようすが楽しそうに見えたのか、いっしょに投げて遊びだした。

子どもの姿から

玉を上にほうり投げるおもしろさの発見は「爽快感」「開放感」につながった。より高く投げることは「肩周囲」の大きな動きを促した。

たからものだ、あつめよう！
ぼく、みんなにあげるよ、なげちゃえ！
えい

遊んだ遊具・用具

●布玉 ●カゴ

落ちたらドッカン！ それ、逃げろ！

遊んだ遊具・用具

●布玉 ●カゴ

こうして遊んだ

- とりで（すべり台や複合遊具など）の上に、玉がいっぱい入ったカゴをＨ子とＴ男が持って上った。Ｈ子が、「遊ぶ人はお金がいります」と言ったので、保育者が「じゃ、ここにお金を置いておくよ」と言って、玉をお金に見たてて階段に置き、遊びが始まった。
- Ｔ男が「どんどん入れないと破裂するよ」と言ったので、保育者は「それは大変！」と言って、子どもたちといっしょに次々と投げ出した。
- Ｔ男がカゴをひっくり返し上から玉を落とすと、下にいた子どもが「破裂したー」と言いながら楽しそうに逃げ回っていた。

子どもの姿から

とりでの子どもは受けることを楽しみ、下にいる子どもは時々降ってくる玉をよけながら投げ入れることを楽しんでいた。子どもの発想が、「からだ力」を高める動きをいくつも引き出していることがわかった。

それ〜！
はれつした〜！
どんどんいれないと、はれつするよ〜！
階段に玉のお金置いておくよ！

4歳児

遊びが、時間や経験で、どんどん変化し、広がっていく！

鉄棒で技を考えよう！ 1

こんな取り組み

- 運動遊具を使って遊ぶ楽しさを感じながら、存分に体を動かし、運動遊びへの意欲が高まってきている。そこで、まだ、経験の少ない鉄棒遊びを通して、自分なりにめあてを持って挑戦し、達成感を感じてほしいと考え、環境を構成した。「やってみようボード」とともに移動式鉄棒を身近なところに設置し、みずから取り組めるようにした。
- “できる”、“できない”ではなく、鉄棒になじみ、鉄棒のおもしろさを感じ、鉄棒を使って遊んでほしいとの願いから、自分で技を考えることを提案した。

こんな技、考えたよ！

活動と、その展開

- 鉄棒の好きなＮ子が、鉄棒の上に座って後ろに回る技ができたことを喜んでいた。
- 「これを書いて（ボードに）はっておいて」と言うので、その技に、「これ、何ていう名前にする？」と聞くと、「魔女回り」と答えたので、保育者は、紙に“まじょまわり”と技の名前を書いてはった。

子どもの姿から

ボードにはられた紙を見て、何人かの子どもたちが興味を持って鉄棒のところにきた。

やってみようボード
まじょまわり
なまえ書いたからはっておこうね！
さっきのわざはまじょまわりっていうの。

技の絵を描いてもらったよ！

活動と、その展開

- 先日のＮ子が、「こんなのもできたよ！」と技を見せてくれた。今度は技の名前とともに絵も描くことにした。
- そばにいたＹ子も、「私も、こんなのができた」と技を見せてくれた。「何ていう名前にする？」と聞くと、「魔女歩き」と答えたので、同様にして名前を描いてボードにはった。
- 数人の子どもたちが集まってきたが、Ｍ男が何度も技を考えて、ひとりになってもずっと新しい技を考えては、保育者を呼びに来て見せてくれた。

子どもの姿から

保育者に技の絵を描いてもらいたくて、簡単であっても、自分で考えた技をして見せて、大満足の子どももいた。

ほらみて！
わたしのはまじょあるきよ！
ほんとだ！すぐ絵描くね！
きてきて〜！ぼくも、わざかんがえたよ！

1 ・・・遊びの経過

メインの活動・運動 → 自分で技を考える ・・・ 技の絵を描いてはる ・・・ 技を見せる ・・・ どんどん技を考えるのが楽しくなる

考えた技、発表するね！

活動と、その展開

- 降園前、鉄棒の前にみんなを集めて、今まで考えた子どもたちの技を見せることにした。
- M男が「さんかく技」＜足を鉄棒に掛ける＞、H男が「とり技」＜鉄棒の横に乗って、手を伸ばす＞、Y子が「魔女回り技」を披露したら、「ぼくもやりたい！」「私もやりたい！」と次々と手が挙がった。
- みんなのやりたい気持ちが高まってきたが、降園時刻になったので「明日、また、技を考えて見せてね」と、明日につなげて終わりにした。

子どもの姿から

いつもはあまり手を挙げない子どもが、手を挙げて技をやってみたそうにしていた。

さんかくわざだよ！
ぼくもやりたいな！
とりわざ、きまりっ！

技を、どんどん絵に描いていこう！

活動と、その展開

- 新しい技を自分たちで考えることが楽しくなるように、鉄棒の絵だけを印刷した紙を用意することにした。
- 初めは、保育者が技の絵を描いていたが、そのうち子どもたちが、自分で技を考えては絵に描く姿が見られるようになった。

子どもの姿から

鉄棒には関心がないが絵を描くのが好きな子どもが、先に鉄棒にぶら下がっている絵を描いて、その技に取り組んでいた。

ここにはってね！
どんな、だったかな～？
わたしも、かこうっと！

鉄棒で技を考えよう！ 2

メインの活動・運動

2人技 3人技を考える ・・・・・・・ 大人数技に挑戦したい気持ちに発展する

2人技、3人技！「すごい！」、「まねたい！」

活動と、その展開

- Ｎ子とＹ子が鉄棒で「布団干し」技をしてぶら下がっていたら、Ｋ子がまん中に入ってきて、３人布団干しになった。
- 今度、Ｋ子はその状態のままで、両端のＮ子とＹ子が鉄棒をまたいで対面になり、お互い違うほうの片手を上げて左右対称の技をした。
- 保育者の「すごいね！」の声に、次々いろんな技を見せてくれた。
- 見ている子どもたちは感心して、自分も友達の前で見せたいと思うようすと、今の技をすぐにでも試したり、まねたりしてみたいという雰囲気であった。

すごいっ！
わたしも
これ、
やってみたい！

子どもの姿から

友達をチェンジしながら３～４人で布団干しをいっしょに楽しむ姿が見られた。

集まって～！ ６人技、10人技・・・100人技しよう！

活動と、その展開

- ついに自分たちで鉄棒を運んで並べて６人技に挑戦。「見て見て～！」と、それぞれが思い思いの鉄棒で技を披露する。
- 保育者が「すごい！」「かっこいい！」「ハイ、ポーズ！」などと認めた後、「手か、足か、離せるところを離してごらん」と言うと、手や足を離してポーズをとって見せた。「もっとかっこよくなったね！」と言うと、みんな大満足のようすだった。
- Ｈ男が、「次は 10 人技したい！　みんな呼んでくるね」と、保育室の友達に声をかけに行った。
- 人数が集まり 10 人技になると、「もっと集めてくるね」と保育室に行き、「100 人技するから集まって～！」と声をかけると、どんどん参加して最後は 15 人技になった。

てつぼうふやすと、
みんなで、できるよ！
みんなおいで～！
100 にんわざ
しよう！

子どもの姿から

10 人技に誘われて参加した子どもが、これをきっかけによく鉄棒を触るようになり、仲よしの友達といろんな技を考えて取り組み、怖くてできなかった前回りができるようになった。

「からだ力」パワーアップ！ 展開エトセトラ

日常の活動として

鉄棒技の写真を展示する

ボードにシールをはって確認し合う

まとめ

- 今回の取り組みでは、「前回り」や「ブタの丸焼き」など定番といわれる動きのほかに、子どもたちが考えた技によって実に多様な動きが生み出された。
- つかむ、ぶら下がるだけでも、それぞれの姿勢の違いによって、股関節周囲や肩周囲をより多く動かすことになり、また、複雑な体勢を維持することでバランス能力につながった。
- 自分で技の絵を描いたり、写真をはったりしたことが、自分の体の動きを意識することにつながった。
- 友達といっしょに技に取り組んだことで、相手に合わせたり、狭い場所で工夫し合ったりすることを経験した。また、単独ではできない多様な動きや組み合わせによってコーディネーション能力を高めることにつながった。

技のスナップ展だよ！

活動と、その展開

より多くの子どもが鉄棒に興味を持ち、意識が高まるようにと、今回の展開を撮影しておき、ボードにはっておいた。自分の姿を見て喜んだり、写真に写っている友達の技を見てまねたりする姿が見られた。

体操選手みたいだね！
あ、これぼくだうつってる〜！
おかあさんにみせたいな！
わたしってカッコいい！
ハンモック
あしつかみコウモリ
あしであくしゅ
3にんブランコ
ダブルブタのまるやき
コウモリかたてはなし

子どもの姿から

写っている友達の名前を言いながら、うれしそうに見ていた。

鉄棒がんばったねボードに、シールをはろう！

活動と、その展開

鉄棒が好きな子どもにはもっと、少し苦手な子どもにはなおさら、今後も楽しく取り組め、持続させていく工夫が必要。鉄棒のそばにボードを置いて、技に挑戦してがんばった印としてのシールをはれるようにしておく。

- 簡単なものから少し難しいものまで8つ程度の技を、大きなボードにはっておく。子どもの考案した技の採用も加えたりすると励みになる。
- これらの技ができたり失敗したりしても、挑戦したら、その証（あかし）として個人持ちのシールをカードの空欄にはる。シールは何度はってもよく、どんどん挑戦して、好きになることが大切と考える。

がんばったからあしかけ５つになったよ！
これ、わたしがかんがえたわざなの。
じてんしゃこぎ
まじょ
だいすき
あしかけ
いっぱいしたから、いっぱいはるの！

子どもの姿から

シールの数が増えるほどもっとやってみようとしたり、友達のシールを見つけて「○○もこの技できたんや」「私もやってみよう」と新たな技に興味を持ち、挑戦したりしていた。

○○まで遠足に行こう！ 1

こんな取り組み

- 遠足の目的地に行くには、体が強くないとたどり着けないという設定で始め、その日までに体を強くするという目的が持てるように進めた。
- 目的に向かって、子どもみずからが意欲的に取り組めるように、**「からだ力」**をつける運動をさまざまな角度からアプローチし、子どもと相談のうえ、必要なものも準備しながら活動を広げていった。

「●●●●」まで遠足に行こう！

活動と、その展開

- 遠足に行くことや目的地のようすなどの話をした。
- 保育者が実際に行ってきたときのようすや印象などを交えて、どれだけ遠いか、どれだけ体力が必要かなど、具体的な例を出して伝えた。

※ 時間がかかった、足が痛くなった、へとへとになった、おなかがぺこぺこになった…etc.

- 子どもたちがしんどくても行きたい、と思えるように、例えば、「○○○○から見る景色はすばらしい！」「空気がおいしい！」「到着したとき、いい気持ちがする」といった、目的地のいいところや徒歩遠足の魅力なども十分に伝えた。

子どもの姿から

不安もあるが、遠足への期待感を持ってくれたと思う。

体を強くしよう！

活動と、その展開

- 体のどこを強くすればいいか話し合った。
- 子どもの発言を拾いながら、体のいろんな部位に注目させ、その部位の名前を知らせながら、体にはいろんな部位があることを知ったり気づいたりするきっかけになるようにした。
- 子どもたちの発言を、体を動かすことにつながるように導きながら、ほかの子どもたちにも伝えた。
- 部位によって強くする方法がいろいろあることが分かるように話し合いを進めていった。

子どもの姿から

このほか、「腕立て伏せ」「坂を歩く」など体強化への案がたくさん出て、気持ちが積極的に動き始めた。

「からだ力」パワーアップ！ 展開エトセトラ

遠足に行くことや目的地の話をする → 体を強くするにはどうすればよいか話し合う → 園の中で、体を強くする方法を話し合う → 園内マップを用意し、各場所で体を動かしたら“遊んだシール”をはる

体を強くするために、いっぱい体を動かして遊ぼう！

活動と、その展開

- 体を強くするには、園では何ができるかを話し合い、いろんな遊具で遊ぶことで、体に力がつくことがわかるように話していった。
- 遊具によって、強くなるところが違うことに気づけるように話し合いを進めていった。
- 生活グループの友達（4～5人）で相談しながら、体のどこを強くするのかを意識しながら活動できるように進め、実際の活動に入っていった。
- 個々のグループの話し合いの内容を、ほかのグループに伝え、それぞれのグループの話し合いが深まるようにしていった。
- それぞれのグループのがんばっているようすを認め、どこが強くなっているのかを意識できるようにした。
- 同じ遊具でも、より体を使えるようなアイディアや工夫のようすをほかの友達に伝えたりした。

どう
しようか？
よその
グループのことも
きいてきたよ！
どこを
つよく
しよう？
うちは、すべりだい
さかさまのぼりで
あしを、きたえようよ！

子どもの姿から うんてい、鉄棒、タイヤ遊び、大きな石を動かすなどに取り組んでいた。

園内マップに、“遊んだシール”をはろう！

活動と、その展開

- 園内マップを作って保育室においておき、子どもが、いろんな場所で遊んだ後、その印としてシールをはれるようにして、身体を動かして遊ぶきっかけになる仕掛けを用意した。
- いくつでもはっていいことにして、シールが増えていくことで、体をたくさん動かしたことが目に見えてわかるようにした。
- 1枚のマップにみんながシールをはるので、クラスのみんなの気持ちも高まり、また、刺激を受けて、さらに体を動かそうという気持ちにつながるようにした。
- シールだけではなく、絵を描いてもいいようにして、地図への愛着や、身体を動かして遊びたいという気持ちの高まりにつながるようにした。

きを、かこう！
マラソンで、ここを
まわってはしってるの！
さっき、ここで
あそんだから、
シール、はろう！
シールが
増えたね！
いっぱい遊んで
るんだね。

子どもの姿から

友達がはったシールに関心を示す子どももいた。

○○まで遠足に行こう！ 2

メインの活動・運動
園庭や近くの公園などで、“とれーにんぐ”をする

“とれーにんぐ”にでかけよう！

活動と、その展開

- みんなで、園庭を走ったり、近くの公園などに出かけて、遠足への気持ちを高めながら、体を動かすことが楽しめるようにした。
- 坂道や階段など、運動量が増える状況の場所を選んで出かけるようにしていった。
- 歩くだけではなく、同じところを繰り返し歩いたり走ったり、途中にいろんな動作が加わるようなメニューにした。気分を盛り上げながら続けられるような工夫をしていった。

※ 長い階段で上り下り。広いグラウンドを思いっ切り走る。高い鉄棒にぶら下がる…etc.。

子どもの姿から

子どもたち各自が、それぞれの“とれーにんぐ”を自発的に行なっていた。

みんなすごい！
がんばってるー！
園内走り
テラスの階段
登り降り
鉄棒ぶら下がり

おうちでも、体を強くするために何してる？

活動と、その展開

- 家庭でも体を強くするために、どんなことをしているかを伝え合った。
- ほかの子どもたちの刺激になるような発言をした子どものがんばりを十分に認めた。
- ほかにも家庭でどんなことができるのか話し合い、生活の場面で、体を動かすきっかけとなるように話を進めていった。

子どもの姿から

- 12 個入りのトイレットペーパーを持って 5 階まで上った。
- 大きいペットボトルのジュースを 2 本持って早歩きした。
- 押入れからジャンプした。
- 自転車で遠くのスーパーまで行った。
- 階段をいっぱい登った。

上記、子どもがちの声がたくさん上ったことをみても、家庭での活動への関心もうかがえた。

おうちでは
どんなことを
がんばって
いるの？
かいものの
おてつだい！
おもいにもつ
もってるよ！
わたしも～！
りょうてで
もつよ！
すごーい！
わたしも
がんばろう！
わたしは
いえのまわり
マラソンで
3しゅう！

家でも、体を強くすることができる方法を伝え合う

万歩計を着けて園庭で“とれーにんぐ”をする

体を強くするための食べ物を、養護教諭に教えてもらう

万歩計を着けて“とれーにんぐ”しよう！

活動と、その展開

- 万歩計を着けて園庭で“とれーにんぐ”をした。
- 目的地までの歩数（下見のときに調べておく）を超えない程度の歩数になるくらいの短めの時間で体を動かすようにした。
- 今回は歩数が多いほどパワーがつくということを伝え、たくさん動こうという気持ちが持てるようにした。
- 歩数を家庭の方にも伝え、子どもたちのがんばりを伝えるとともに、おうちの人もいっしょにがんばろうという気持ちが持てるようにお願いした。

子どもの姿から

遊具で遊んだり、土山を登り降りしたりなどする子どもがいる中、ずっと走り続けている子どももいた。

わーっ！
パワー、
たまってるよ！
どんだけ
あるいた？
みせて～！
2000ぽ
こえたよ！
きのうより
どれだけ、
ふえたかな～？

どんなものを食べたら、体が強くなるのかな？

活動と、その展開

- 弁当の時間に養護教諭に同席してもらい、子どもたちの弁当の食材を例にして、体が強くなる食材について教えてもらった。子どもたちが、食べることや、体に力をつけることに興味や関心が持てるようにした。
- 後日、３大栄養素【〈体をつくる食べ物〉〈パワーが出る食べ物〉〈体の調子を整える食べ物〉】の話を、やさしく、絵や図などを使って説明してもらい、より、関心が深まるようにした。

子どもの姿から

自分の弁当のおかずにどんな栄養があるのか次々と質問していた。

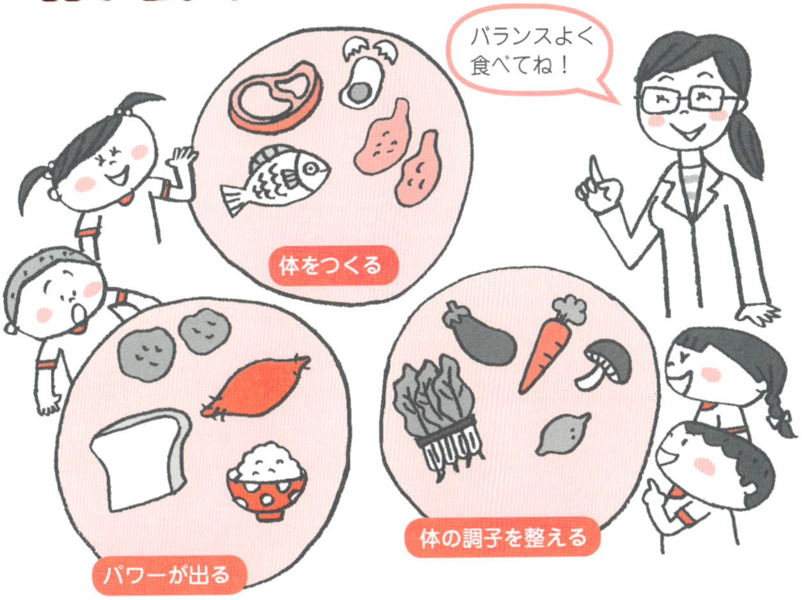
バランスよく
食べてね！
体をつくる
パワーが出る
体の調子を整える

○○まで遠足に行こう！ 3

メインの活動・運動

“パワーモリモリベルト”を作る ・・・ 2つの最強アイテムを着けて、目的地へ行く

“パワーモリモリベルト”を作ろう！

うまくできた！
バッチリ、カッコいいな！
強くなれそうね！

活動と、その展開

- 家の人といっしょに、“パワーモリモリベルト”を作った。
- 体のいろんな部位に巻いたり、くくったりできるような細い布を用意して、そこに絵を描いて、がんばって目的地まで行こうという気持ちにつながるような工夫を施して作った。
- おうちの人の分も用意し、いっしょに作った。

子どもの姿から

具体的なものを親子で作ることで、親に知ってもらううれしさや、意欲につながっていくようすが見られた。

準備OK！　遠足に行こう！

さー、元気に出発～！ ゴー！
ゴー、ゴー！
いくぞー！

活動と、その展開

- “万歩計”と“パワーモリモリベルト”の２つの最強アイテムを着けて準備OK。
- スタート地点では準備体操をして、最後までがんばって歩く気持ちを高めた。
- 目的地では、それぞれの子どもとハイタッチをするなどして達成感が感じられるようにした。
- 万歩計の歩数を聞き取り、記録してがんばりが実感できるようにした。

子どもの姿から

- 励まし合いながら、歩いたり、山道を登ったりしていた。
- 「体を強くしたから、ぜんぜんだいじょうぶ」とがんばっていた。

歩数総合計を記入した“がんばりましたカード”をもらう

保護者会で、今回の取り組みについての感想を聞く

“がんばりましたカード”もらったよ！

活動と、その展開

- 万歩計を着けて園庭で“とれーにんぐ”をしたときの歩数と、遠足日の歩数を記入した“がんばりましたカード”を用意した。
- 1歩につき1パワーという設定にして、○歩パワーつきましたと表示したカードを作って、それぞれの歩数を記入し、がんばりと体に力がついたことが目で見てわかるように工夫した。

子どもの姿から

がんばりが認められたうれしさがうかがえた。

まとめ

- 目的があると子どもがみずから体を動かすことがわかった。さらには体を強くしたいという目標があれば、あえて困難なことを選んでする子どももいた。
- 今回はその目的がわかりやすかった。
- クラスのみんなの共通の目的であるので互いに刺激を受けやすかった。
- 万歩計で計った歩数で自分のがんばりが目に見えてわかった。

年長児が、体を動かしたくなるポイント

- 子どもたちにとってわかりやすい目標を定めるようにする。
- 見通しを持って活動できるように長期的に計画する。
- 友達同士が刺激を受け合えるように話し合いや、グループの友達と相談して進めるような活動を取り入れるようにする。
- 運動量やがんばりが目に見えてわかるよう工夫する。
- 年長児の知的好奇心をくすぐるアプローチをする。
- 保護者と連携することでより気持ちが高まるようにする。

おうちでは、どうでしたか？

活動と、その展開

- 保護者会で、今回の取り組みについての感想を聞いた。

家の人からの意見・感想

- 苦手な牛乳を飲んでいます。
- 体を強くするためにお風呂洗いをさせました。
- 苦手なものも体が強くなるからと言って食べるようになりました。
- 500ミリリットルのペットボトルに水を入れて持ち上げています。
- ポーズを取って筋肉を見せてくれました。
- 自転車で遠出したがったのでびっくりしましたが、遠足のためだったのですね。

いろいろ鬼ごっこバラエティ 1

こんな取り組み

●鬼ごっこは、「逃げる」「追いかける」の基本ルールに、参加人数や時間制限、付属アイテムなどを加えることで、遊びがさらにおもしろくなる。取り組みでは、年齢・発達にふさわしい鬼ごっこを、「からだ力」の視点で取り上げてみた。動きの中では、特にさまざまなコーディネーション能力や心肺機能の高まりを期待して進めた。

●保育者や友達との関係で遊びが広がり、ルールもどんどん変化していくなかで、鬼ごっこ本来のおもしろさと、友達といっしょにルールを守ったり考えたりして遊ぶ楽しさが感じられることを目指した。

せんせい待て待て～！

ねらい

追いかけることを楽しむ。

遊び方・進め方

- 保育者が逃げて、子どもたちが捕まえる。
- 捕まったら走るのを止めて、追いかけてきた子どもたちが集まってくるのを待って再び逃げる。何度も繰り返す。

ポイント

- 新学期に、保育者と子どもたちが大接近できる遊び。楽しく信頼関係を築く一歩につながる。
- 初めは平らなところで遊び、慣れてきたら、遊具の間を抜けたり、鉄棒の下をくぐったり、段差や傾斜のあるところも範囲に入れて遊ぶ。鬼ごっこを楽しみながら、多様な動きや、「バランス」、「連結」能力につながるようにする。

まてぇ～！
ひゃ～！でも、つかまらないよ～！
みんなでつかまえろ～！

魔女鬼ごっこ（おばけ鬼ごっこ）

※P.24・25「待て待て、だいすき！ ぎゅーっと、鬼ごっこ」参照

ねらい

逃げることを楽しむ。

遊び方・進め方

- 保育者が魔女やおばけや、オオカミなどになって子どもたちを追いかけて遊ぶ。

ポイント

- おばけや魔女など、怖いイメージで鬼ごっこをすることで、怖いものに捕まらないように逃げるスリルとおもしろさを存分に味わえるようにする。
- 保育者はできるだけたくさんの子どもにタッチする。
- 捕まったことがわかりやすいように、捕まったら、決められた場所に入らなければならないことにする。
- 絵本のお話などイメージからルールを加えるなどして、楽しく、繰り返し鬼ごっこが続けられるようにする。

はい、鍵カチャ！
逃げられるよ～！
よかったね、
にげよう！
ラッキー！

遊びの工夫

★オオカミが寝ている間にその場所から逃げていいことにする。
★魔女なら、時々鍵を開けてやり、逃げていいことにする。

1 …こんな進め方で

メインの活動・運動 … 保育者が逃げる … 保育者が追いかける … 逃げたい子どもが逃げる パート1、パート2 … 逃げたい子どもが逃げる 逃げる子どもを増やす パート3

○○ちゃんを追いかける！

パート1

ねらい

「逃げる」「追いかける」、自分のしたい役割を楽しむ。

遊び方・進め方

- 保育者を追いかけた（「せんせいまてまて〜」鬼ごっこ）の後に逃げたい子どもを募り、「○○ちゃんを追いかけよう」という約束で始める。
- 逃げる子どもがスタートした後、追いかける子どもたちは10秒数えてから追いかけ始める。
- だれかひとりでも追いついてタッチしたら、みんなで始めの場所に戻って次に逃げる子どもを決めて追いかけ、繰り返し遊ぶ。

ポイント

- なかなか捕まらなかった子どもを十分に認め、逃げるおもしろさを感じられるようにしながら、ほかの子どもの刺激やあこがれになるようにする。
- 追いかける子どもは、自分がタッチできなくても、みんなで捕まえたと感じられるようにして、追いかけることを何度も楽しめるようにする。

まだ、
うごいちゃダメ！
4、5、6、7・・・
10びょう
まだかな？！

パート2

ねらい

○逃げ切ることを楽しむ。
○協力して捕まえることを楽しむ。

遊び方・進め方

- 逃げ切ることが目的となるように、離れた所にコーンなどを置いて、そこまで逃げることができたらよいというルールを加える。

ポイント

- 始めは逃げる子どもの後を追うだけだった鬼の子どもたちが、挟みうちなどの方法で捕まえようとしたことを十分に認め、周りのみんなにも伝える。
- 逃げる子どもにも、正面から来た鬼から逃げる動きができるような工夫を伝え、「変換」能力につなげる。

サッ

わーい！
コーンだ
たすかった！
にげられる〜！
もう、ちょっと
なのに！

パート3

ねらい

「逃げる」「追いかける」、自分のしたい役割を楽しむ。

遊び方・進め方

- 逃げる子ども、追いかける子どもを同数くらいにして、捕まえた子どもを拘束する場所を作る。
- 全員が捕まったら、逃げる子どもを交替する。

ポイント

- 逃げる子どもたちがわかりやすいように帽子などで目印にする。
- 捕まった子どもたちが待っている時間が長くならないように、逃げる子どもが増えすぎないようにする。〈全員の運動量を増やす〉
- 同様の配慮で、ずっと逃げ続ける子どもがいても、時間で区切って捕まらなかったことを認める。

はい、
ここにいてね！
つかまっちゃったね。
いるぞ！
にがさないぞ！

いろいろ鬼ごっこバラエティ 2

メインの活動・運動

逃げたい子どもが逃げる
捕まった子どもを助ける

たすけ鬼ごっこ

ねらい

○逃げる・追いかける、自分のしたい役割を楽しむ。
○捕まっている友達を助けることを楽しむ。

遊び方・進め方

- 逃げる子ども、追いかける子ども（鬼）のチームに分かれ、捕まった子どもは決まった場所に拘束される。
- 捕まった子どもは、捕まっていない子どもにタッチされたら、再び逃げてもよいことにする。
- 逃げる子どもたちの陣地も作る。

ポイント

- 保育者は、劣勢のチームに加わって鬼ごっこがおもしろくなるようにしながら、助けたり助けられたり、助けようとする友達を捕まえたりなどが十分に楽しめるようにする。
- 捕まった子どもが待っている時間が長くならないように、逃げる子どもが増えすぎないようにする。〈全員の運動量を増やす〉
- ルールが複雑になり、わかりにくい子どもがいたら、遊びながら気づけるように配慮する。
- 友達同士助けている姿を十分に認め、子どもたちだけでルールを守って遊ぶ楽しさが味わえるようにする。
- みんなが集まったときに鬼ごっこのルールを伝えて、いつでも自分から仲間に入れるようにする。

タッチ、おねがい！
○○ちゃんを助けに行こう！
2人もいるよきをつけて！
そうは、させないよ！

遊びの工夫

★逃げてばかりの子どもには「○○ちゃんを助けて」と知らせる。
★捕まることを嫌がって逃げない子どもには、保育者がすぐに助けることを伝えておく。

仲よし鬼ごっこ

※ P.38・39「仲よし鬼ごっこ」参照

ねらい

「逃げる」「追いかける」を、捕まったら役割を代わることを楽しむ。

遊び方・進め方

２人組になって逃げる役、追いかける役を決めて鬼ごっこをします。タッチされたら役割を交替する。

ポイント

- 役割交替がわかりやすいように、逃げる子どもは帽子をかぶるなどの目印を決める。
- 走るスピードが同じくらいの友達と組むと楽しく遊べる。
- 場所が広すぎるとなかなか捕まらない。また、追いつめられたときに、相手をかわして逃げる「変換」能力にもつながるように、限られた範囲で遊ぶほうが効果的。

こっちだよ！
タッチ！
もうちょっとだったのに～！

「からだ力」パワーアップ！ 展開エトセトラ

友達と１対１で鬼ごっこをする

制限時間内で逃げ切る

目の前にいる鬼をかわして逃げ切る

タイマー鬼ごっこ

※ P.72・73「制限タイムドッキドキ！ タイマー鬼ごっこ」参照

ねらい

時間内を逃げる子どもは逃げ切ることを、追いかける子どもは逃げる子ども全員を捕まえることを楽しむ。

遊び方・進め方

- タイマーを使って、鬼ごっこの時間を区切る。〈３分程度〉
- 慣れてきたら子どもがタイマーを扱い、自分たちでカウントダウンする。

・・9・10、それっ！
タイマーは３分！
それ～！
ぜんいん
つかまえるぞ！

ポイント

時間制限があることで、鬼も逃げるほうも、高いめあてを持ちながら遊びを楽しめる。

フェイント鬼ごっこ

ねらい

○鬼はフェイントをかけて、正面から来る子にタッチすることを楽しむ。
○逃げる子は、鬼をかわして走り抜けることを楽しむ。

遊び方・進め方

- 捕まえる子どもの動けるゾーンを決めたコートを描いておく。
- 逃げる子は、鬼に捕まらないようにコートの端から端まで走り抜ける。
- タッチされたら鬼と交替する。
- １回走り抜けたら、コートの外側を走って戻り、何度も挑戦できる。それぞれ何回走り抜けたか覚えておく。

ポイント

- すべての鬼ゾーンに鬼がいなくても遊べるので、鬼ゾーンは多めに描いておき（横幅は３メートル程度）人数に合わせて鬼の数を調節する。
- 逃げる子どもは何人いてもできる遊びなので、途中からでも参加でき、人数が増えてきたら鬼を増やしていく。
- フェイントをかけて捕まえたり逃げたりするおもしろさが十分に感じられるように、保育者はどちらの役になってもフェイントを多用するようにする。
- ほかの子どもを捕まえようとしている隙に鬼ゾーンを抜けている子どもや、フェイントをかけている子どもらを認める。
- 何回走り抜けたかを記録するボードなどを用意しておき、友達に刺激を受けたり、自分なりにめあてを持ったりしながら繰り返し楽しめるようにする。

タッチされずに
さいごまで
いけたよ！

いろいろ鬼ごっこ バラエティ 3

メインの活動・運動　決められた場所を走って逃げる

島鬼ごっこ

ねらい

決められたところを走るという制限の中で、鬼ごっこを楽しむ。

遊び方・進め方

- 縄跳びなどを使って地面に島を作る。〈ライン引きで描いてもよい〉
- すべての島を、鬼に捕まらないようにして通る遊び。
- 島にいるときは捕まらないが、とどまっていられるのは10秒と決めておく。

ポイント

- 島から島に行くため、ある程度逃げるコースが決まっている。そのコースを走り切ったり捕まえたりすることで、切り返したり、身をかわしたりするなどの「変換」能力につながる。
- 保育者が鬼になったときは、どの方向に走ろうとしているのかを周りの子どもたちに伝え、動きを予想しながら捕まえられるように配慮する。そうすることで、逃げる子どもはそれを裏切って逃げようとする目的が持てるようにする。

この しま まかせて！
つかまえちゃうぞ！
1.2.3

おいかけリレー鬼ごっこ

ねらい

「一定距離の間を逃げる」「捕まえる」ことを楽しむ。

遊び方・進め方

- 追いかけるチーム、逃げるチームに分かれ、チームからひとりずつスタートラインに立つ。逃げる子どもが走った後に、5秒数えてから追いかけるほうの子どもが走り出し、リレーコース上で追いかけ合う。
- 逃げるチームの子どもは、1周逃げ切って次の子どもにタッチすればよいことにする。
- 追いかけるチームの子どもは、1周の間に捕まえることができたら終了。その場合は、次の2人がスタートから始める。
- 捕まえられなかったら、どちらも次の友達に交替して追いかけっこを続けて遊ぶ。

ポイント

- 後ろから友達が迫っていることを伝えながら応援することで、お互いが相手を、より意識しながら走れるようにする。

1周、がんばって
逃げ切ってね！
おに、もう
スタートだよ！
1.2.3 ..

総合遊具で鬼ごっこ

ねらい

「滑る」「登る」「降りる」などの動きをしながら、鬼ごっこをすることを楽しむ。

遊び方・進め方

- いろんな遊具の要素をひとつにまとめた総合遊具や、いくつかの遊具を鬼ごっこの範囲にして遊ぶ。
- タッチをしたら鬼は交替する。

ポイント

- 遊具を使って走り抜けたりする活動は、あせると危険であることを知らせるとともに、動きのすばやさが、「からだ力」につながるので、十分に見守りながら、速く走っているところを認めていく。
- 「追いかける」「逃げる」という動きに加え、「滑る」「登る」などの動きを同時にすることは動きの洗練化につながる。無意識のうちに、いろいろな動きがスムーズに行なわれていき、「からだ力」が高まっていくと思われる。

わー！
もうきた！
ここに
もぐっちゃえ！

帽子取り鬼ごっこ

※ P.76・77「頭も体もフル回転で帽子取り名人になろう！」参照

ねらい

「逃げてかわす」「追って奪う」の役割を同時に行ない楽しむ。

遊び方・進め方

- チーム対抗で相手チームの帽子を取り合う。
- たくさん帽子を取ったチームが勝ち。

ポイント

- 走りながら取る動作や、取られないようにかわす動作が必要となり、複雑でしかも高度な動きが求められる。
- 追う、追われるを同時に味わえるゲームで、楽しみながら「からだ力」が身につく。

とった〜！
くるっ

いろいろ鬼ごっこバラエティ 4

メインの活動・運動

遊具・用具を使って鬼ごっこをする

玉当て鬼ごっこ

ねらい

追いかけたり逃げたりしながら、玉を当てること、玉をよけることを楽しむ。

遊び方・進め方

- 鬼ごっこのときに、追いかける子どもが玉を持って追いかけ、タッチする代わりに玉を当てる。
- 当たらなかった玉は拾って何度でも投げて遊ぶ。

ポイント

- 追いかける子どもは玉を当てることが楽しいので、役割を変わらなくてもいいように、当てられた子どもが、ペナルティーとして決められた場所で 10 秒程度とどまってから再び参加できることにしておく。
- 走りながら玉を投げる、走りながらよけるという難しい動きを十分に認め、走るスピードを落とさずに玉を投げたりよけたりする気持ちにつなげ、動きの洗練化につなげる。

あてられた～！
1・2・3・4・・・
よーし
ねらわれてる！
にげなくちゃ！

ボール投げ鬼ごっこ

パート1

ねらい

追いかけたり、逃げたりしながらボールを当てたり、よけたり、受けたりすることを楽しむ。

遊び方・進め方

- 参加者全員がボールを持って走り、だれとでもボールの当て合いをする遊び。
- 当たったら、決められた場所に拘束される。
- 一定時間が経ったら開放されて、再びゲームに参加できる。

ポイント

- 走りながらボールを投げるのは相当な運動能力が必要で、逃げられても、当てることのできない子どものほうが多いと思われる。これらを考え、拘束されても、早めに解放することで運動量を減らさず、楽しく参加できるようにする。
- 一度も当たらなかった、たくさん当てたなど、子どもによって満足感が異なるので、何を楽しんで、何を目的としているのかを見極めて援助する。

あてちゃうぞ～！
よーし！
きょろきょろ
10 びょう
たったら、
でられるよ！
1、2、3・・・

まとめ

- 追いかける、追いかけられるという単純なルールを基本とする鬼ごっこは、どの年齢でも遊ぶことができるが、ここでは追跡の実践経験を基に、発達段階を踏まえた流れに構成することができた。経過を追うごとに「からだ力」や技術が増し、それが鬼ごっこのおもしろさや楽しさにつながったと考えられる。
- 年齢があがると、その場や状況、仲間との連携によって、自分たちでルールを考えながら進めていけるようにすることが望ましい。保育者はそのための援助をしながら、意欲の高まりや遊びの維持・継続を見守りたい。

ボール投げ鬼ごっこ パート2

ねらい

盾でボールをよけながら逃げたり、追いかけたりしながら、ボールを当てたりすることを楽しむ。

遊び方・進め方

ボールが体に当たらないように、段ボールで作った盾でガードしながら逃げる遊び。

遊びの工夫

子どもが自分で盾を作れるように、身近な所に段ボールなどを用意しておく。

ポイント

- 盾でガードしながら走ることでより高度な動きが要求され、「からだ力」が高まる。
- 盾の大きさや形が、走るスピード、身のこなしに影響するので、友達のようすを見ながら、自分で気づけるようにアドバイスする。

安全地帯づくり鬼ごっこ

ねらい

逃げながら、その場に応じた動きをする。

遊び方・進め方

- 逃げる子はそれぞれ、縄跳びを体に巻いたり持ったりしながら走る。
- 鬼が迫ったり、逃げることに疲れてきたりしたら、その場で縄を輪にして地面に置き、安全地帯を作って入る。
- 安全地帯に入っていられるのは10秒程度。鬼が10秒数え終えるまでに逃げて、鬼がいなくなったら、またそこに入ったり、再び縄を持って走り、別のところに安全地帯を作ったりして遊びを続ける。
- 大きな安全地帯を作った場合、中に入れる人数をあらかじめ決めておき、それ以上の子どもが後から入ってきた場合は、初めに入っていただれかが抜けるルールにするなど工夫する。

ポイント

- 鬼の動きを見ながら安全地帯を作っている姿を十分に認め、より素早く、洗練した動きができるようにする。
- 安全地帯に入っていられる時間、人数などを子どもたちといっしょに考え、共通のルールになるように伝え、どんどん難しく、おもしろくなるようにして繰り返し楽しめるようにする。

遊びの工夫

友達の縄と合体させて、大きな安全地帯を作るのもOK。

どんな動き？ ワクワク！ ドキドキ！ ミッションボックス1

こんな取り組み

- ミッションボックスは、子どもが、体を動かすことの楽しさやおもしろさを感じるきっかけになるように考案した。
- 動き自体を、ひとつの遊びのような感覚で経験でき、運動が苦手な子どもでも、ここから出てくるミッションによって、楽しく取り組めることを目指して活用する。

このボックスの特長・使い方

こんな動き、できるかな？

遊び方・進め方

- 保育者が、日ごろの活動や、その時々の子どもの動きやようすから、経験させたい動きを考え、絵で描いたカードにして箱（ミッションボックス）に入れておく。
- 「何がでるかな～？」などと、保育者が箱から出したり、子どもにカードを選ばせたりして、みんなでする。

ポイント

- カードには簡単な動きを中心に、日ごろしない動きや意識しない動きなども入れておき、多様な動きができるようにする。難易を混ぜておくことで、達成感を味わいながら意欲を持って挑戦する気持ちにつなげる。
- 体のいろんな部位を意識して動かせるように、「腕をまっすぐ伸ばす」「脚に力を入れる」など、具体的な言葉を掛けながらする。
- じょうずにできている子どもに注目させたり、みんなの前でやって見せてもらったりして、互いに刺激を受けながら楽しめるようにする。

ジャーン！
次は、このカードしよう！
できるかな～？
せなかあるき
みっしょん
ぼっくす
みて、みて～！
できるよ～！

自分たちで、カードを描いてみよう！

遊び方・進め方

- 箱とカードを、子どもたちの目につきやすいところに常設しておく。
- 子どもたちは、いつでも好きなときにカードを描いて箱に入れる。
- 保育者が箱からカードを出して、描いた子どもにみんなの前でカードの動きをやって見せてもらい、みんなでまねて遊ぶ。

ポイント

- 子どもたちが動きを創造する楽しさを味わいながら遊ぶことができ、ほかの遊びをするときも、動きを工夫することにつながる。
- 友達の描いた動きをみんなですることで、お互いを認め合う気持ちが育つ。
- 子どもたちが考えた動きを、保育者がその姿勢を保ったり（10秒程度）、反対側の部位を使ったりすることを提案して難易度を上げる方法を加え、より「からだ力」につながるようにする。
  ※ P.116「ミッションボックス、動きのポイント」参照
- できるだけ今までやったことがないポーズを描くことをすすめ、子どもの創造力を高めるようにする。

みっしょん
ぼっくす
このカード、描いたのは
だれかな？ 前に来て
どんなふうにするのか
見せてあげてね。
こうするの、
できる？
かんた～ん！
こうかな？

「からだ力」パワーアップ！ 展開エトセトラ

- 室内や限られたスペースでもでき、時間に合わせてできるのが特長。
- 簡単な“動き”をカードに描いてミッションボックスに入れ、カードに書かれた動きを、みんなで次々チャレンジして楽しむ。
- ミッションボックスの魅力は、中にどんなカードがあるのか？ 次はどんな動きのミッションが出るのか？ と期待感を持って取り組めることにある。
- 達成できたら、“できたよボード”にカードをはってみんなで確かめ合ったり、後で自分たちで動きを考えたりするときのヒントにつなげる。

動きのカード 例

- ハイハイをする
- グルッと回る
- ケンケンをする
- 後ろ向きに歩く
- ペンギン歩きをする
- 高ばいで歩く

だれかといっしょに！ ミッションボックス

2人で

遊び方・進め方

ひとりがトンネルを作って、もうひとりがくぐるなど、ひとりではできない動きをカードに描いて入れておく。

ポイント

- ２人が違う動きをする場合は必ず交替してどちらも経験できるようにする。
- 友達をおんぶする、馬になって乗せる、手押し車など互いの体重を支えるような動きも入れておく。

他の例

グループの友達と

遊び方・進め方

５・６人でするとおもしろい動きを描いて入れておく。

ポイント

グループで競争するなどにすると、意欲が高まるだけでなく、難易度が増して、さらに「からだ力」につながる。

他の例

どんな動き？ ワクワク！ ドキドキ！ ミッションボックス 2

ミッションボックス、動きのポイント

- ポーズの維持や繰り返しをさせる。
- 関節を伸ばす、曲げるといった部位の動きのめりはりを付ける。
- 足や腕など一対ある部位の機能は、左右どちらも使うようにする。
- スピードを変えてしたり、合図に合わせてしたりすることができるようにする。

ミッションボックス、いろいろアレンジ

園庭の遊具で

遊び方・進め方

園庭の遊具でできることや、その周辺で、できる動きを描いていれておく。

ポイント

- 年少児などはみんなで取り組むことで、苦手な遊具や、使ったことがない遊具に挑戦するきっかけになる。
- ふだん、室内で使うことの多いミッションボックスを、園庭に持ち出して使う環境の違いが、遊びを楽しく新鮮にする。

○○ミッションボックス

遊び方・進め方

「鉄棒」、「縄跳び」、「まりつき」など、そのとき、子どもたちが興味を持っている遊びのミッションボックスを作って、そのための用具や遊具を使ってできる動きをカードに描いて入れておく。

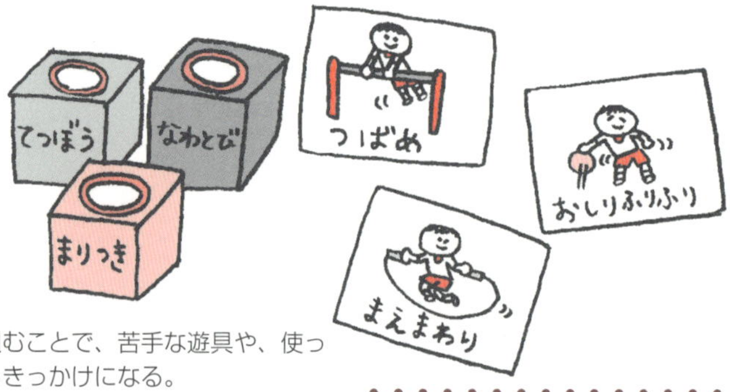

初めてのことにチャレンジ！ カード

遊び方・進め方

ミッションボックスの中に「はじめてのことをやってみよう！」というカードを入れておき、今までしたことがない運動にみずから挑戦するきっかけとなるようにする。

冒険カード　修業カード

遊び方・進め方

子どもたちの間で流行している遊びのイメージで、箱やカードを作り、保育者が経験してほしい運動を描いておいて忍者などになりきって取り組む。意欲的に、また、友達といっしょにイメージを共有しながら楽しむことができる。

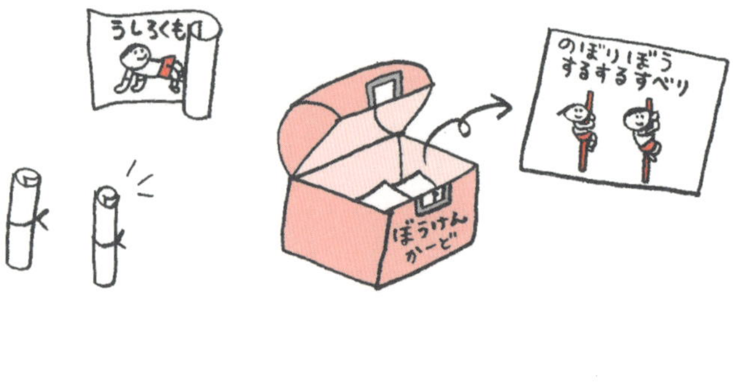

遊びも、「からだ力」も充実・アップ！
運動アイテム大活用！

こんな取り組み

時間を計る、距離を測る、歩いた歩数がわかる…etc. 自分が動いたり経験したことの結果や過程を、いろんな形で確かめることは大切。保育者が記録や計測に活用するためだけではなく、さまざまな運動に関連するアイテムを、できる限り子どもたちにも使わせたいと考える。「見る、知る、気づく」から、次のステップにつなげる取り組みと考える。

タイマー

遊びの例・使い方

「鬼ごっこ」など、時間内に捕まえたり、逃げたりするとき。

ストップウォッチ

遊びの例・使い方

「かけっこ」など、一定距離や場所を、何秒で走れるかを計る。

メジャー

遊びの例・使い方

投げたボールの飛距離や、自分の走りたい距離を前もって自分で測る。

万歩計

遊びの例・使い方

通園時の歩数を測る、遠足などに着けて行く、一日中着ける、などして、体を動かすことと、歩数の関係を実感する。

段ボールボード

※さらに大きなボードにはって展示もする。

遊びの例・使い方

- 子どもが自由に使えるように、段ボールで作ったボードを身近なところに置く。
- 「ゲーム」などの点数やボールなどが的に当たった数、走ったタイムなどを記録。
- 子どもが必要と思ったことをすぐにその場で書く。

マップ

遊びの例・使い方

園内マップの体を動かして遊んだ場所にシールをはる。

げんきくんボード

遊びの例・使い方

段ボールなどで大きめの人型を作り、遊んで強くなったと思う体の部位にひもをくくったり、できてうれしかったときにシールをはったりする。

モリモリくんカード

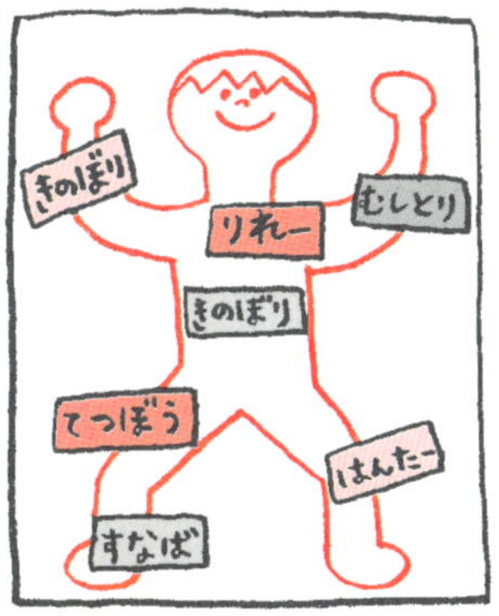

遊びの例・使い方

“げんきくん”と同じ要領で、自分が遊んだ遊びで強くなった体の部位や箇所に、遊びの名前をカードに書いてはる。

挑戦する！ できるようになる！ 好きになる！ 運動カード 1

こんな取り組み

- 運動カードは、運動をすることが好きになる動機につながることが目的。子どもが積極的に次々取り組んでいきたくなることをねらいとしている。
- いろんな運動に挑戦したり、運動量を増やしたり、練習して課題の運動ができるようになるために、それぞれの目的に応じたカードを用意する。それによって子どもは、自分の今のようすや段階を知り、目安がわかり、次への意欲につながるように活用できる。

やったねカード

ねらい

いろいろな運動に興味を持ち、できるまでがんばり、できた喜びを味わう。

遊び方・進め方

- できるようになってほしい運動を絵で示したカード。
- 自分で練習し、できるようになったら保育者に見せ、OKなら印を付けてもらってカードにシールをはる。

ポイント

- １つの運動にも段階を付けておく（まりつき５回、10回など）。
- だれにでもできる簡単なものも入れておく。
- 「修行カード」「オリンピックカード」など、子どもが興味・関心を持っているものや、関連する名前を付けておく。
- 初めてできたものや、がんばってできたものをみんなの前で披露・発表する時間や、みんなでカードに挑戦する時間を設け、互いに刺激を受け合えるようにする。

何回もやってみようカード

ねらい

いろいろな運動に繰り返し挑戦し、運動量を増やす。

遊び方・進め方

取り組んでほしい運動（動き）を絵で示し、それができても、できなくても、取り組んだ数だけのシールをはる。

ポイント

- その動きがまだできなくても、できるようになってからも、シールが増えることを励みに、何度も繰り返しやることを楽しめるようにする。
- 自分の目標に向かって、何度もあきらめずに取り組んでいる子どもや、同じ運動を繰り返して挑戦してシールが増えている子どもを認めることで、運動が得意でない子どももやってみようとする気持ちや、がんばろうとする気持ちが持てるようにする。
- できてからも、継続して楽しめるように、動きのなめらかさや姿勢などの上達している姿をとらえて認めるようにする。

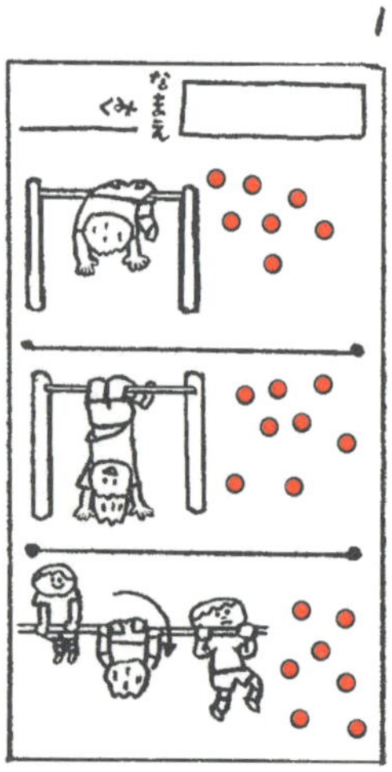

準備のヒント　カードやシール

- 名人カードなど、たくさんあるものはまとめて個人別に収納でき、みんなの目につきやすい場所に設置しておく。
- ビニール袋に入れると、見やすく、わかりやすい。

- シールも目につきやすいところに置いておく。
- 菓子箱などを区切って工夫。

しーる

名人カード

ねらい

- ○いろいろな運動にみずから挑戦する。
- ○自分なりの課題を持って繰り返し練習し、できるようになった喜びを味わう。
- ○得意なことを見つけて、自信を持つ。

遊び方・進め方

- 鉄棒、うんていなど、運動遊びごとにカードを作り、いくつかの内容項目（6～10 程度）を難易度を考えて描いておき、できたらシールをはる。
- 自分でやってみたいカードを選んで取り組み、カードの動きが全部できたら、その運動遊びの「名人」となる。

めいじんまで
あと、ひとつだ！

ポイント

- カードに空欄を作り、その運動遊びが苦手な子どもも、自分のできることを描いてシールをはることができるようにする。得意な子どもがさらに難しい内容に挑戦したり、おもしろい動きを考えるなど、子どもみずからの目的に合わせて使えるようにする。
- カードの種類は、子どもの要望に合わせ順次増やしていく。内容項目も子どもと相談しながら作り、意欲が高まるように進める。
- 無地のカードも用意しておき、自分で好きな運動カードを作れるようにする。
- どれかひとつでも名人になる目的でがんばれるよう、子どもに働きかける一方、いろんなカードに挑戦している子どもも十分に認めていく。
- 運動遊びではない内容のものでも、子どもからの要望を受け入れ、例えば絵が得意な子どもであれば「おえかきカード」を作り、そのカードの名人になることがきっかけで、ほかのカードにも挑戦する気持ちにつながるようにする。

くみ
たかいほうから
よこ
うんていかーど

じゃ、カードを作ろう！
鉄棒もがんばってね！
おえかき
めいじんなら
なれるよ！

記録更新カード

ねらい

- ○何度も繰り返し練習し、じょうずになっていく喜びを味わう。
- ○自分の記録を更新していけるように何度も取り組む。

遊び方・進め方

基本的には回数が増えた場合に記入するようにするが、取り組むたびに書く子どもがいてもＯＫとする。

ポイント

- たとえ 1 回でも増えたら記入できるので、自分のペースで上達を喜びながら楽しむことができる。
- まりつきや縄跳びなどの運動に興味・関心を持ち始めた子どもには、そばでコツなどを伝えたり励ましたりして、記録更新カードにその回数を記入して、それを励みにがんばれるようにする。
- まりや縄跳びなどを楽しんでいる子どもにもカードをすすめ、みずからめあてを持って、さらに意欲的に取り組めるようにする。

やったね！
記録更新だ！

ころりんじゃんぷ
ゆうと
5
10
14
25
5 かいも
ふえたよ。
かいて～！

挑戦する！ できるようになる！ 好きになる！ 運動カード 2

縄跳びおめでとう、カード

ねらい

縄跳びになどに、繰り返し取り組むことで上達していく喜びを味わう。

遊び方・進め方

前跳びができるようになってきた子どもの跳んだ回数を数えて、その場ですぐに小さなカードに名前と回数を書いて渡す。

ポイント

- 前回よりも回数が増えたら、カードに書いて渡し、カードが増えていくことを喜びにして、何度も挑戦できるようにする。
- 友達といっしょに跳び、全員が同時に引っ掛かるまで何度も繰り返し跳び続けてもいいことにして、その回数と友達の名前全員を書く。友達といっしょに何度も縄跳びを跳ぶことを楽しめるようにする。

まゆこちゃん
30かい
おめでとう！
○○ちゃん
30 かい
おめでとう！
わ〜い
わーい！
6まいも
たまったよ！

マラソンカード

ねらい

毎日繰り返し決まった運動をして、上達していく喜びを味わう。

遊び方・進め方

マラソン（縄跳びなども）に毎日取り組む運動の場合は、決められた回数を示したカードを作り、シールやハンコを押す。

ポイント

- 走る距離を徐々に増やしていき、シールが増えていくにつれて、長い距離を走れるようになったことを喜べるようにする。
- 10回程度をメドにして、見通しを持ってがんばれるようにする。
- 休んだ子どもに対しては、ほかの子どもたちがシールをすべてはり終えていても、後からひとりで取り組んでもシールがはれることを伝え、どの子どもも、最後までがんばった達成感を味わえるようにする。

まらそんかーど！
顔を描いたり服に色をぬったりすると、自分だけのカードになるよ！
すごいね！
毎日よく
がんばったね！
すご〜い
ぜんぶ
できたよ！

すいすいこーす
チャレンジこーす
わくわくこーす

カードはコース別のほか、遊具別、乗り物別、運動別などに分ける。

名前を書くカード（表紙）

しーる

シール

終わったら、表紙のカードを外してボードにはる。

パワーモリモリカード

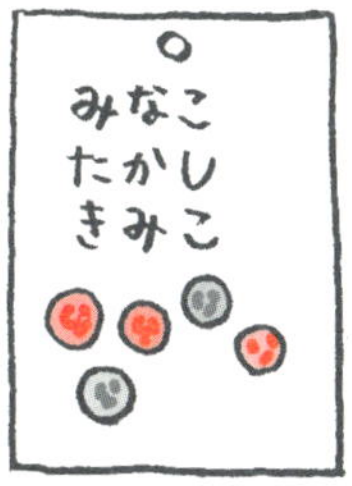

みなこ
たかし
きみこ

ねらい

いろいろな遊具に取り組む。

遊び方・進め方

- 園内のいろんな固定遊具や乗り物など、運動遊具の絵を描いたカードを、リングなどで留めたものを１セットとし、いくつか用意して友達と共有で使う。
- カードの絵を見ながら、最初から順番に取り組む。
- カードセットは、表紙を作って（画用紙などで）使う子どもの名前を書き、取り組んだ遊具の数だけそれぞれシールをはり、終わったら表紙の部分を外して掲示していく。

わくわくこーす
へいきんだいをあるく
いやわたり
わくわくコースにしようよ！
おもしろそう！ やろう！ やろう！
はやく やろう！ エイエイオー！

ポイント

- カードの絵をカラフルにしたり、写真にしたりして魅力的なものにし、カードを持つうれしさが、いろんな遊具に取り組む動機につながるように工夫する。
- カードのセットは、難易度のランク別に分けてあるが、すいすいコース、チャレンジコース、といった取り付きやすい名前を付けたりして、子どもたちの意欲を引き出す。
- 取り組んだ子どもの名前を描いた表紙のカードを、目に着く所に掲示することで、ほかの子どもの刺激となるようにする。
- 遊具を好まない子どもには、友達といっしょに取り組むことをすすめ、いろんな遊具に取り組むきっかけとなるようにする。

目的地まで走ろうカード

花屋さんまで来てるよ！

ねらい

息が切れるくらいの距離を、毎日継続して走ることを楽しむ。

遊び方・進め方

- 目的地（遠足や散歩で行く公園、公共施設）について話し合い、道のりの途中にあるポイントなども確認し合う。
- 目的地までの道のりを運動場で走る。目的地まで颯爽と走るイメージを持って、長い距離を楽しみながら走り切る。
- 目的地までの道のりカードに、走った周数分のシールをはっていきゴールインする。

あと１しゅう！

ポイント

- 保育者は事前に、目的地までの距離と運動場の１周分をシールの枚数に換算した道のりカードを作っておく。
- 走った分だけシールが増えていくことが目的地に近づいていく達成感となり、走ることを楽しめるようにする。
- カードに目的地までにあるポイント（橋、交差点、お店など）を入れておくと、“どのあたりまで走っているか”“あとどのくらいでゴールできるか”という見通しを持って取り組める。
- 決めた周数を走りきることが難しい子どもは、途中歩いても良いことにし、達成することを励まして成し遂げるよう援助する。

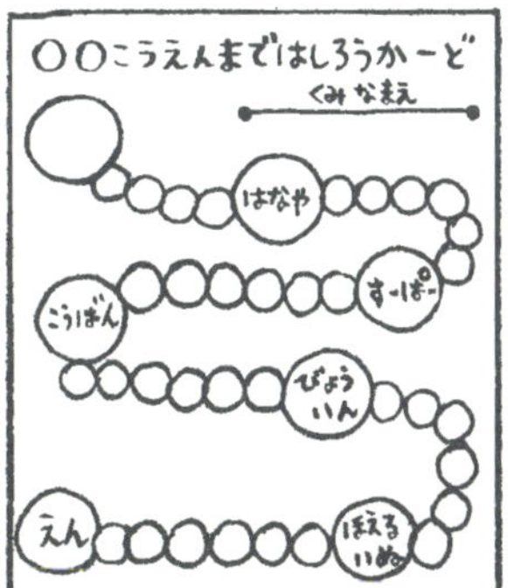

○○こうえんまではしろうかーど
くみ なまえ
はなや
すーぱー
こうばん
びょういん
ほえるいぬ
えん

きょうは４しゅうはしったからシールは４まい！

「おはよう」の場面から始めよう！ 1

こんな取り組み

- 子どもたちが元気で、活力ある１日を過ごせるように、朝の登園時から、「からだ力」の取り組みを実践する。
- 通園の途上→到着→朝の体操まで一連の流れで、体は活動モード全開になり、その後の活動をスムーズにすることを目指している。

おはようボール

この活動で育つ「からだ力」

- **からだ** ○体幹○肩周囲○腕
- **うごき** ○バランス○リズム○連結○定位○変換○識別
- **きもち** ○繰り返し○目的○集中○挑戦○高揚感○達成感○刺激

こんな活動

子どもたちが登園すると必ず通る場所に、ひもでぶら下げたお･は･よ・うの文字をはったビーチボールに、ジャンプしてタッチする。

準備・環境

ビーチボールの高さは、どの子でもタッチできるような高さや、ジャンプしないと届かないような高さにするなど、年齢や力量によって高低差を調整できるようにしておく。

例えば、お・は・よ・うのボールの高さを段階的に。

門から走ってきて勢いよくジャンプ・タッチ！

お・は・よ・うの順に連続してジャンプ・タッチ！

しなやかに体を伸ばして、ジャンプ・タッチ！

勢いをつけようとして、しゃがんでジャンプ・タッチ！

ポイント

- ２つ以上の動作が同時にできる活動で、「バランス」「リズム」といった多くのコーディネーション能力につなげる。
- 保育者が、子どもの上達を具体的に伝えたり、クラスでも話題にあげ、朝の恒例の活動として定着させ、継続して楽しめるようにする。

メインの活動・運動

ジャンプ・タッチをする

ケンケンをして移動する

ケンケンをして保育室まで行く

この活動で育つ「からだ力」

からだ	○体幹○肩周囲○腕○股関節周囲○脚
うごき	○バランス○リズム○連結○定位○識別
きもち	○目的○挑戦○達成感○刺激○模倣

こんな活動

登園時、通園路や玄関までのアプローチを、さらに、各保育室までの廊下を、ケンケンで移動する。登園時の動線に、遊ぶ要素が準備されていることで、園に来る楽しみにつながればよいと考える。

準備・環境

- 登園時、通園路や玄関までのアプローチに、自由に移動できるリング（矢印付き）を置いておく。
- 玄関から各保育室までの廊下に、チョークなどでケンパができる円を描いておく。

ポイント

- 利き足だけでなく、もう一方の足でもケンケンができるように、左右の足を入れる円の位置を調整しておく。
- 慣れない子どもには、手をつないで「リズム」を感じながらケンケンができるようにする。
- リングの間隔を広げると、大きく腕を振って跳ぶ動きにつながり、矢印の方向をランダムに変えると、多様な動きが引き出される。さらに、子どもの工夫で自由に配置ができるので、楽しみながら活動の意欲が高まるようにする。

通園路をケンパで移動。

保育室に向かうまで、ケンパで移動。

矢印の向きを変えて変化を楽しむ。

右、左どちらの足でもケンケンができる配置で楽しむ。

「おはよう」の場面から始めよう！ 2

メインの活動・運動　朝の体操をする

おはようたいそう

この活動で育つ「からだ力」

からだ	○体幹○肩周囲○腕○股関節周囲○脚
うごき	○バランス○リズム○連結
きもち	○繰り返し○刺激○開放感○模倣○共有

こんな活動

登園後、園庭に集まって行なう。

ポイント

- 楽しんで体を動かすなかにも、体の各部位を意識的に動かすように知らせる。
- 子どもたちの動きを把握し、しっかり動かせていたり、上達しているところなどを具体的なことばがけをして認め励まして、意欲的に楽しんで体を動かせるようにする。

準備・環境

- 曲目は、動きにめりはりが出せるものや、音楽に合わせて楽しんで体を動かせるものを選ぶ。また、3～4週間で変えていき、いろんな曲で楽しくさまざまな動きができるようにする。
- 振り付けは、曲と前後の流れを見ながら、ケンパ、体をひねる、ジャンプをしながらパンチ、といったふだんしない動きなども組み込むことに配慮する。

ぐんぐんどこまでも　テンポもよく、元気がわいてくるような1曲です。

1　ぐんぐん　どこまでも　ぐんぐん　のびてゆこう
2　ぐんぐん　どこまでも　ぐんぐん　つきすすもう
3　ぐんぐん　どこまでも　ぐんぐん　ふくらめよう

上体のばし（肩周囲・腕）

1　しっぱいなんか　へっちゃらさ　ぐんぐん　のびてゆこう

肩関節回し（肩周囲）　両腕回し×２回（肩周囲）

2　みちなんかなくても　へっちゃらさ　ぐんぐん　つきすすもう

前屈・後屈（体幹）

3　ゆめはつづくよ　へっちゃらさ　ぐんぐん　ふくらめよう～

両膝屈伸（股関節周囲・脚）×２回

1 2 3　まけるもんか　（おー！）　まけるもんか　（おー！）

歩く（肩周囲・股関節周囲・脚）

ジャンプ（体幹・脚）

1 2 3　じぶんに　まける　もん　か　（へい　へい　へい）

ガッツポーズ（肩周囲・股関節周囲・脚）　腕をのばす（肩周囲・腕）

→1 2 3　どこまでものびていこう　ぐんぐんどこまで　も

側屈（体幹）　しゃがむ（股関節周囲・脚）のびる（体幹・肩周囲・腕）

1 2　♪間奏

2へ　3へ　けんけんぱ（体幹・股関節周囲・脚）　胸そらし（肩周囲）

上体回し（体幹・肩周囲）

3 どこまでものびてゆこう　ぐんぐんぐんぐんぐんぐんぐんぐん

側屈（体幹）

3　ぐんぐんどこまで　も

のびる（体幹・肩周囲・腕）

3　♪後奏（も～～～～）

●おはようたいそうスケジュール例

集まるときの曲：♪きょうも元気　曲の間：友達と手遊びをする

主な期間	曲目	体を動かすポイント	体操の後
4月〜	おはようたいそう	屈伸や開脚、前屈、旋回などに慣れる。 首を曲げたり、屈伸や開脚など、いろんな関節を動かしたりする。 左右にジャンプしながら移動する。	
5月〜	へっちゃらぽんち	力強く足踏みをし、大きくジャンプする。 片足を上げて、バランスを取りながら手を動かす。	運動場を 全力で走る
6月〜	だいへんしんのうた	両手を回し、斜め上に勢いよく上げ、「肩周囲」を動かす。 ケンケンパをする。縄跳びやおすもうなどの真似をする。	水遊び
	プール前の準備体操	体のいろんな部位を動かす。柔軟に体を動かす。	プール遊び
10月〜	うんどうかいファイト	ケンケンパやかいぐりしながらしゃがんでジャンプ。ジャンプしてパンチなどを入れ、「連結」につながる動きをいろんなバリエーションでする。	かけっこ
11月〜	ぐんぐんどこまでも	「肩周囲」をしっかり動かす。間奏で、ケンケンパや胸そらし、上体回しなどを入れ、柔軟に体を動かす。	運動カード
1月〜	はなまるおんせん	全体的に腰を落として「バランス」を取る。体を大きく動かし、関節をしっかり動かす。左右の足でケンケンパをする。	マラソン
2月〜	おおきくなるって	体を大きく動かし、「肩周囲」をしっかり動かす。 リズムに合わせて、ケンケンパをする。	縄跳び（年長・年中）

※年長児が替わり交替に、みんなの前で見本となって体操をする。
※年少児は慣れてきたら参加する。

ぐんぐん　どこまでも

作詞／作曲　柚　梨太郎

C G C7 F Fm G C
1. ぐん ぐん ど こま で も　ぐん ぐん の びて ゆ こう　し っぱ いな んか へっ ちゃ らさ
2. ぐん ぐん ど こま で も　ぐん ぐん つ きす す もう　み ちなん かな くて も へっ ちゃ らさ
3. ぐん ぐん ど こま で も　ぐん ぐん ふ くら め よう　ゆ めは つづ くよ へっ ちゃ らさ
Dm7 G7 C F G Em Am D G
ぐん ぐん の びて ゆ こう
ぐん ぐん つ きす す もう
ぐん ぐん ふ くら め よう
まけるも んか　まけるも んか　じ ぶん にまけるも ん か
C C7 F A♭7 C G7 1.2. C F C G7 C
ど こま でも の び てゆ こう　ぐん ぐん ど こま で も
F Em D G 3. C C F
も　ど こま でも の び てゆ こう
F C Dm7 G C F Fm C G C
ぐん ぐん ぐん ぐん　ぐん ぐん ぐん ぐん　ぐん ぐん ぐん ぐん　ど こ ま で も

※このページの、この曲と振り付けについては、柚　梨太郎さんのオリジナルとは少し異なりますが、実践されていることを鑑みて、ご本人にご了解を得て掲載しております。

園の生活場面でもしっかり体を動かそう！ 1

こんな取り組み

● 「からだ力」を育む機会は、ふだんの保育時間の活動だけではなく、園生活のあらゆる場面にもあると考える。人が動く要素そのものが、生活全般の行動につながると考える。

靴を履く

活動の着眼点

靴を脱ぐ・履くの行動は、しゃがんだり、かがんだりすることも多く、さまざまな関節の屈伸や「バランス」の働きが重要になり、「からだ力」を高めることにつながる。

日ごろの子どもの、こんな姿やこんな場面を意識してやってみる！

- 立って靴を履く・脱ぐ。
- 靴箱を持って、立って靴を履く・脱ぐ。
- しゃがんで、靴を履く。
- 何も持たず、支えなしで靴を履く・脱ぐ。

何も持たずに、立って靴を履く。

靴箱を持って、立って靴を履く。

しゃがんで、靴を履く。

おしりを着けて、靴を履く。

この活動で育つ「からだ力」

- からだ ○体幹○股関節周囲○脚
- うごき ○バランス○連結
- きもち ○目的

ポイント

3・4歳児では、おしりを着けて靴を履くことも多いが、日ごろから、立って履いたり、おしりを浮かせて履くようにことばがけをする。

背もたれのないイスに座る

活動の着眼点

生活の中のいろいろな場面で、ベンチやスツール、平均台などを代用した背もたれのないイスに座る機会をつくり、自然な中で「体幹」や「バランス」などの「からだ力」が育つようにする。

この活動で育つ「からだ力」

- からだ ○体幹○脚
- うごき ○バランス○識別
- きもち ○緊張

日ごろの子どもの、こんな姿やこんな場面を意識してやってみる！

- ベンチやスツールに座って集会に参加する。
- 園庭にある平均台に座っておやつを食べる。
- 遊びの順番を待つ間、細い平均台に座る。

スツールに座って、みんなで話をしたり、集会をしたりする。

ポイント

- 座ったときに背中が丸くなる子どもには、意識して背筋を伸ばせるように声をかける。
- 遊びの中でも「忍者の修行」といって脱力せずに座ることや、「からだが強くなるよ」などといった保育者のこえがけをすることで、子どもたちは背筋を伸ばすことを意識して座るようになる。

ベンチに座って、遊びや活動の順番を待つ。

平均台に座って、おやつやお弁当を食べる。

●何気ない動きのひとつひとつに、「からだ力」を鍛え、高めるヒントがあることを再認識して、子どもたちにも意識を持って動くことを知らせて行なう。

イスや机、重い遊具・用具などを運ぶ

活動の着眼点

イスや机などは進んで子どもみずからに運ばせる。また、活動の準備物を友達といっしょに運んだり組み立てたりすることも、遊びの前段階として有意義なことと考える。友達いっしょに運ぶことで、力をコントロールする必要があり、さまざまなコーディネーション能力が養われる。

日ごろの子どもの、こんな姿やこんな場面を意識してやってみる！

- 遊具を持ちながら歩く。
- 何人かで掛け声をかけながら歩く。
- 横向き、後ろ向きに歩く。方向転換もする。
- 所定の位置に戻す。

この活動で育つ「からだ力」

- からだ ○体幹○肩周囲○腕
- うごき ○バランス○リズム○反応○連結○定位
- きもち ○目的○集中○達成感○共有

ポイント

大きな物、重いもの運ぶときは、人数に合わせてそれぞれの用具を持つ位置を考えさせる。友達とタイミングを合わせて運ぶように声をかけ、バランスやタイミング、力の入れ方の調整ができるようにもする。

前後・左右、方向や障害に気をつけて運ぶ。

持ちやすい場所を考えて持つ。

持つ場所の分担や力の入れぐあいを考えて運ぶ。

せーの、ヨイショ！ ヨイショ！

掛け声に合わせてタイミングを合わせながら運ぶ。

園の生活場面でもしっかり体を動かそう！ 2

そうじをする

活動の着眼点

掃除の主な作業に、掃く、ふく、かたづけるが挙げられるが、ゴミをなくすには、ほうきで掃くだけではなく、しゃがんで拾ったり、ちり取りで集めたりといった動きがある。また、かたづけたりふく作業には、腕や手先を巧みに使って行なうなど、ふだんの遊びにはない多様な動きがたくさん経験できる。さらに、掃除は、身近な環境をきれいにするという清潔感覚を養いながら、終わった後は「達成感」も味わうことのできるよい機会となる。

日ごろの子どもの、こんな姿やこんな場面を意識してやってみる！

- しゃがんで、用具やおもちゃをタワシでこすったり洗ったりする。
- しゃがんでほうきとちり取りでゴミや落ち葉などを集め、立ち上がってゴミを袋に入れる。
- かがんで、棚やワゴンを整理し、ぞうきんを絞ってふく。

ポイント

- 立つ、しゃがむ、手を伸ばす、背伸びをするなど、掃除の中で多様な動きが経験でき、また、かがんで立ち上がるといった作業の手順から、これらの動作を連続して経験することができるようにする。
- 体全体の動きばかりではなく、いろんな場所を掃除し、道具を扱うことで、指先や腕に力を入れたり、その力加減を工夫したりしながら多様な動きも経験できるようにする。
- 友達といっしょに「目的」を持って協力する姿を認めたり、友達のがんばっている姿を「模倣」してやってみたい気持ちを受け止めて励ましながら、自分たちの生活の場をきれいにできた「達成感」をみんなで感じられるようにする。

この活動で育つ「からだ力」

- からだ　○体幹○肩周囲○腕○股関節周囲○脚
- うごき　○バランス○識別
- きもち　○目的○工夫○誇らしさ○達成感○模倣○刺激○共感

かがんで、棚の中を整理したり雑巾を絞って拭く。

箒で掃き集める。ちり取りですくう。

しゃがんでいた態勢から立ち上がってゴミ袋に入れる。

かがんで、用具やおもちゃ類をタワシでこすったり、洗ったりする。

かがんで、絞った雑巾などでおもちゃ類をふく。

ぞうきんがけをする

活動の着眼点

子どもの成長に合わせて、始める時期やふき方のバリエーションを考えて行なう。ぞうきんがけは、家庭でも最近あまり経験することの少ない作業だが、ゲーム感覚も取り入れたこの活動を通して、子どもたちが楽しみながら「からだ力」のコーディネーション能力を養うことができればと考える。また、ていねいに行なう掃除の方法を学んだり、清潔感覚を身につけたりする機会にする。

タライの周りにしゃがんでぞうきんを絞る。

カエルふき（両足をそろえて跳びながらふく）。

友達と競争してふく。

この活動で育つ「からだ力」

からだ ○体幹○肩周囲○腕○股関節周囲○脚

うごき ○バランス○反応○連結○定位○識別

きもち ○繰り返し○目的○挑戦○高揚感○達成感○刺激○共有○競争○おもしろさ

日ごろの子どもの、こんな姿やこんな場面を意識してやってみる！

- しゃがんでぞうきんを絞る…「バランス」「連結」
- 板目に沿ってまっすぐふく…「識別」
- カエルふきや歩きふきをする…「連結」「バランス」
- 対向する友達とジャンケンをする（相手に合わせてスピード調整や停止など）…「定位」
- 対向してくる友達をよけてする…「変換」
- 友達と競い合ってする…「反応」「連結」

ポイント

- 「からだ力」を養うことに重点を置いて、さまざまなバリエーションでふくぞうきんがけの工夫をする。
- 個人の作業でありながら、クラスのみんなと同じ場所でふく活動は、相手との距離や状況に応じて、よけたり止まったりする必要がある。相手を意識をしながら声をかけていくことを促す。
- ジャンケンや競争など遊びの要素を取り入れることで、楽しんでぞうきんがけができる工夫をするとともに、部屋がきれいになる気持ち良さに気づかせ、継続してできるようにする。

歩きふき（足を歩くときのようにして前へ進む）。

ぞうきんを絞って、しわを伸ばして干す。

ジャンケンしたり、よけたりしてふく。

ふれあいが楽しい！ うれしい！ 親子で体操

こんな取り組み

●大好きなおうちの人といっしょに体を動かす経験は、子どもたちの楽しい気持ちをいつも以上に膨らませるよい機会となる。
さらに、子どもが体を動かすことが好きになるためには、園だけでなく、子どもたちの周りにいる大人が体を動かすことが好きになることが、望ましい環境といえる。

3歳児

ツノだせ！ カタツムリ

遊び方・進め方

子どもは指でカタツムリの触角を作り、親が触ったら瞬時に引っ込める。

親子バス、ブッブー！

●小フラフープ（お盆でも可）をバスのハンドルに見たてる。
●子どもがハンドルを握り、親は、子どもの肩に手をおいて連結していっしょに走る。
●「青信号！」の合図は走る。「赤信号！」は止まる。「クルクル回り」は、その場でクルクル回る。それぞれの合図に反応して遊ぶ。

4歳児

お猿、ジャンプ！

遊び方・進め方

親の周りを走って回り、合図があったら親に飛び付く遊び。

手裏剣、シュッ、シュッ！

遊び方・進め方

●親が「頭　手裏剣！」「足　手裏剣！」と言いながら手裏剣を投げるまねをする。

●子どもは、しゃがんだり、ジャンプしたりして、手裏剣を避けるようなアクションをする。

「からだ力」パワーアップ！ 展開エトセトラ

●ここに紹介した遊びは、用具なしか、身近な用具を使って簡単にできる親子遊びである。おうちの人の合図で動いたり、その動きを変化させたり、おうちの人のまねをするなどによって、コーディネーション能力が育まれると期待されるものを入れている。
●参観日や降園前などにいっしょにしたりする。また、お便りで知らせるなどして、いつでもどこでも楽しみながら、親子ともに「からだ力」を育んでほしいと考えている。

4歳児

鏡の術

遊び方・進め方

親子が向き合い、親の動きを子どもがまねる遊び。

5歳児

タオル、キャッチ！

遊び方・進め方

●親は高い位置から子どもの両手の間にタオルを落とし、それを子どもが両手でキャッチする。
●タオルをそのまま落とす方法と、タオルをクルクルと巻いて棒状にしてから落とす方法と両方行なうと、違いが楽しめる。

5歳児

新聞ボールで、遊ぼう！

遊び方・進め方

●新聞紙１枚分を丸めてボールを作る。
●親が両手で作った輪（ゴール）に、子どもがボールを入れる。いろいろな角度や高さを工夫して楽しむ。
●親が投げたボールを、子どもが手のひらで打ち返す。左右どちらもできるようにする。

アッチ？ コッチ？ ハンド・タッチ！

遊び方・進め方

●親子が向かい合って立ち、親は手を背中の後ろに隠した状態から、手のひらを子どもに向けて上下左右どこかに出す。
●子どもは、出てきた手のひらにすばやくタッチする。

運動が苦手な子、取り組みに偏りのある子

Aちゃん 4歳児 女児

入園当初から母親と離れられず、泣きながら別れる日もあった。少しずつ慣れてくると、好きな遊びのときはサルのぬいぐるみを持って行動。体を動かす遊びには興味を示さず、恐怖心を持っているように見受けられた。

土山やすべり台

保育者に支えられながらなんとか途中まで行くが、続けて登るのを嫌がる。

怖いからしない！

高いところが怖いのかもしれない。新学期なので無理をせず、まず**信頼関係を築く**ところから…。

すべり台の下で保育者２人がトンネルを作ってＡちゃんが滑り下りてくるのを待つ。下りてきたらジャンケンをしたり、くすぐったりする。

土山の下から徐々に上って待ち、Ａちゃんが登ってきたら抱きしめる。

運動場は楽しいなあ

大型ソフト遊具

自分から大型ソフト遊具に近づいてきた。

外遊びにも抵抗がなくなってきたようだ。この機会に、楽しさを感じながら、初めてできた喜びを感じられるようにしよう。

両手を持って！

手をつなぐとその上を歩けたので、遊具の間隔を**少しずつ離す**。できていく喜びに共感する

少し離れたところに跳び移ろうとする。

ロッククライミング

上まで登れるように補助するが、怖がって途中で降りる。

「できなかった」という気持ちが残らないようにしたい。

「ここまでできたね」と**できたところまでを示して認める。**

土手歩きをしている友達を見る

わたしもしたい！

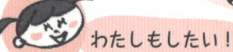

鉄棒

大好きな猿のぬいぐるみを持ったまま、友達が前回りをしているのを見ている。誘って補助しようとしたが怖がる。

怖がるが、鉄棒から離れないのは、やってみたい気持ちもあるのだろう。なんとか、鉄棒にかかわる方法はないだろうか？**大好きな猿のぬいぐるみ**を使ってみよう。

猿のぬいぐるみを前回りさせて見せる。

自分で何度も“ぶたのまるやき”を試みる。

見て！できた！

自分で鉄棒の技を考えて遊ぶことが楽しめるように、鉄棒の絵を描いた紙を用意する。

絵を描くのが好きなＡちゃんは一生懸命絵を描く。そのうち鉄棒で技に取り組む。

こんな技できたよ！

ツリーハウス

ツリーハウスに登る橋の途中の、大きな隙間の所が怖くて上まで行けない。

ツリーハウスは怖い！

行きたい気持ちはあるので、勇気を後押しするような、**上に行きたくなるようなきっかけ**をつくれるといいな。

ツリーハウスの上で**みんなでいっしょに**絵本を見る機会をつくった。

保育者に抱えられながら怖いところをクリアし、上まで乗ることができた。

ツリーハウスの上は気持ち良い！

その対応や援助を考える ❶

B くん　4歳児 男児

室内で絵本を読んで 1 日を過ごすことが多い。保育者が誘っても気持ちは動かず戸外へ出ようとしない。戸外活動では、その遊びや環境（固定遊具、大型遊具など）に対しては、さほど恐怖心や不安はないと見受けられるが、全般に動きが滑らかではなく、移動もぎこちないようすである。

追いかけっこ

友達が追いかけっこをして遊んでいるようすをじっと見ている。

友達の遊ぶ姿に興味を持っているようだ。

B くんの近くをわざと通るようにして追いかけっこをする。

ぼくもする！

Bくんの興味が続くようなルールになる遊びの展開をしよう。

だれにでもわかるようなルールから始める。（保育者を追いかける、逃げたい子どもを追いかける）

回り込んで捕まえるわ！　挟みうちや！

Bくんらしい工夫が出てきた。Bくんのアイディアをくみ取りながら友達といっしょに継続して遊べるようにしよう！

保育者は仲介役となって、ルールがわかりやすくなるようにする。

縄とび

ほとんど跳べないが、友達の姿などが刺激になって登園後すぐに縄遊びをしようとする。

今までに少しずつではあるが戸外で遊んだ経験が積み重なってきて、縄遊びにも興味を持ったようだ。こつこつと取り組むと跳べるようになる、縄という遊具が B くんに合っているようだ。

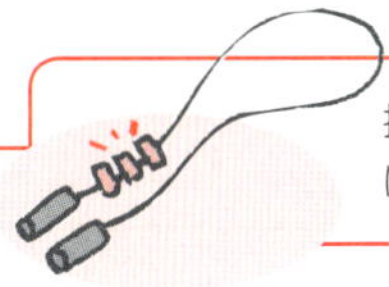

技ができるようになると縄にはれるシールを用意する。

シールがたまることを喜ぶ。

少しずつできる技が増えてきた。できるようになるにつれて増えるシールの数で、成果が目に見えるようになり、さらに次の技に挑戦したい気持ちが高まっているようだ。

降園前に、縄を跳べる子ども（B くんを含む）に前に出てもらって、跳べるところを披露する場を作る。

縄跳び教えたるわ！

長い期間取り組んできた成果が、跳べるという形になって目に見えるようになり、自信がついてきたようだ。

たこ揚げ

冬になり、寒くてあまり戸外で遊ぼうとしない。

物を作るのが好きで、考えることが得意な B くんをたこ作りに誘ってみよう。これをきっかけに戸外遊びが増えるといいな。

ひもを長くしたり、たこの足を増やしたり、揚げる方法を考えたりして、製作しては戸外に出てたこ揚げを楽しんだ。

運動が苦手な子、取り組みに偏りのある子

Cちゃん　5歳児　女児

動くことは嫌いではないようだが、自分の思うように動けなかったり、できないことがあったりすることをとても気にする。1学期の最初のころは、運動よりもままごとや砂場遊びをすることが多かった。

高い所に登る　マルチパネで作った家の壁を乗り越えて中に入りたいが怖くてうまくいかない。

「悲しいことがあるの。友達みたいに高いところに登りたいけど、登れないの…」

友達を見て、自分もやってみたいと思う気持ちが強く感じられる。できないことを素直に言えることがCちゃんのいいところだ。この気持ちをしっかり受け止め、励まし、挑戦する気持ちを持ち続けてほしい。

● 保育者が手を貸したり、励ましたりして、登ることに慣れるようにしたり、周りの子どもたちにもCちゃんのがんばりを伝えた。

「Kくんが台を置いてくれたからひとりでできた！」

ひとりでできたことがうれしそうなCちゃんのがんばりや、Kくんの思いをクラスで認め合い、Cちゃんの自信につながるといいな。

● クラスみんなの前でがんばったこと、うれしかったことを話す機会を持つ。

「やったー！」

山登り　今まで、保育者の手を借りて登っていたのが、ずっと納得できていなかったCちゃん。

「今日初めてひとりで山にも登れたよ！」

今日はひとりで登って下りることができてとてもうれしそう。マルチパネの家のことが自信となって取り組もうと思えたのだろう。

数回、登り下りを繰り返す

ゆっくり慎重だが、数回登り下りする姿は、ひとりでできるようになった自分の成長を確かめ、感じているかのようだ。

運動カード　登園後、縄跳び、ころりんジャンプ、土山登り、天狗げたなどに次々取り組んでいる。

「いろいろ挑戦しているの！」

これまでに経験してきた遊びであるが、少し自信がついてきたことで、より楽しくなってきて、みずからいろいろ試してみたくなっているようだ。

● Cちゃんオリジナルの運動カード（P.118参照）を作ることを提案する。

「カードをつくってやってみたい！」

改善へのヒント 解決への糸口に！

●保育者であれば、すべての子どもたちに「からだ力」を育みたいとだれもが思います。しかし、運動遊びが好きでなかったり、苦手意識を持っていたりする子どもは、どこの園にもいることでしょう。

●ここではそんな子どもたちが、少しずつ体を動かすことが好きになっていった過程を、保育者の思いや働きかけとともに示しました。その中には、各園にいる子どもの姿と重なる部分も発見されることでしょう。

●4人の事例や、いくつかの実践事例から保育者が働きかけるときのポイントを導き出し、ステップ・フローにまとめてみました。改善や解決の糸口が見つかると考えます。

ステップ・フロー

苦手な要因を探る

- 体を動かすことに限らず、何でもあまりやりたがらない
  - 保育者との信頼関係を結ぶ
- やった経験があまりない（経験不足）
  - 楽しさを知らせる（友達の楽しんでいるようすを見せる）
- 恐怖心がある
  - 高さが怖い
  - 速さが怖い
  - 逆さになるのが怖い
- 失敗を恐れてやりたがらない。またはできる、できないを気にする
  - 好きなことをきっかけに
  - 「苦手」、「できない」と言える人間関係をつくる
  - 今、できなくても、いつかはできるという気持ちにさせる
  - できる、できないことが気にならないものから取り組む

Dちゃん 5歳児 女児

動きはゆっくりで重い感じがする。何事にもマイペースで、興味をもったことに関しては根気よく取り組むところがある。まりがうまくつけないでいるが、じょうずになりたい気持ちが人一倍強い。

まりつき 友達がうまくついているのを見てやってみるが、タイミングがわからず、それて転がっていくのを追いかけたりしている。

まりつきしてみたい！

失敗しても何度もがんばっているので、友達といっしょにがんばれるように、ていねいに声をかけ、支えていこう。

- 毎日がんばる姿を認め励まし、そばでいっしょに数える。
- Dちゃんがまりつきをがんばっているようすを、ほかの子どもたちにも伝える。

Dちゃんあんまり強くついたらあかんよ

つよくついたら…

5回つけるようになった！

- 子どもが考えたり、気づいたりした楽しい動きに注目し、いっしょにしながら、周りの子どもたちにも関心を持たせる。
- まりがじょうずなYちゃんがDちゃんを誘って、歌に合わせてまりをつきながら、途中でまりを交換する。

まりチェンジできたよ！

さらに熱中して取り組み、自信につながるような方法はないだろうか？

- 得意なことを年少児に見せることを提案する。

わたし、まりつきチームになる！

友達といっしょに年少児に見せるための得意技を相談する。

あるきつき
あんたがた
どこさ

3人でもまりチェンジできたよ！

えんどうまめ
こまめ〜

- いろんなことをいっしょにして、遊びや運動のおもしろさを味わわせる
- めあてを段階的に細かく示す
- できたところまでを認める
- 無理をしない
  - めあてを段階的に細かく示す
  - できたところまでを認める
- ふれあい遊びなどで、スキンシップをしながらクルクル回ったり、頭が逆さに向くような遊びをする
- ごっこ遊びが好き
  - 忍者ごっこで忍者の修業のように、なりきったり、イメージを広げたりしながら、体を動かして遊ぶ
- 描いたり作ったりすることが好き
  - たこ、紙飛行機、新聞ボールなど、作ったものを使って、体を動かして遊ぶ
- 考えたり話したりすることが好き
  - その子の考えたルールやアイディアを取り上げる

もっとやる気ステップ

こんなやる気の高め方も

- 友達の姿があこがれとして見られるようにする
- 簡単なめあてから始める
- クラスのみんなで取り組む機会をつくる〈例えば、やってみよう大会〉
- 友達といっしょに挑戦する機会をつくる
- 自分自身で、成長や上達を実感できるようにする
- 友達にがんばりを認めてもらう機会をつくる

保育者肝心帳！ 「からだ力」UP！を支える心得！ヒント！ その③

保育者ができること！

まず保育者自身が！

- 「からだ力」を常に意識して保育に当たり、子どもの可能性を信じる。
- 「動く」ことそのものを楽しむ「好きになる」ことに重きを置いて考える。
- 保育者自身がチャレンジ精神をもって遊びを楽しもうとすることが大切。
- 一つの遊びの中に、多くの動きが存在することを保育者が把握し、その遊びで何を経験させたいかのねらいを明確に持つことが大切。

そして、やる気を引き出す援助を！

- ひとりひとりが何を楽しんでいるのかを見極め、それらを十分に認める。
- 子ども同士があこがれたり、お互いに刺激を受けたりできるようにする。

  ↓

  みんなに紹介したり、いっしょに遊んでいる子どもたち（中でもより楽しんでいる子ども）に注目させる働きかけが重要。
- 保育者や友達が楽しく遊ぶようすを見せたり、その楽しい雰囲気を感じさせたりする。
- 意欲的な子どもたちの遊びが深まっていくようにし、その楽しそうなようすがまわりに広がっていくようにする。

  ↓

  より多くの子どもたちがみずから取り組み、楽しむことにつながり、そしてそれが少し苦手な子どもの気持ちをも動かすことになる。
- 子どもがやりたいという気持ちになれるように、保育者はいろいろな窓口を用意し、それぞれの気持ちに沿ったきっかけを見つけ出す。
- 個々に応じた小さな達成目標をつくり、「できた」という満足感を味わえるようにする。

学年別ポイント

3歳児

特徴的な姿

- 力みやぎこちなさがあり、基本的な動きが未熟
- 未熟ながらも多様な動きが一通り可能
- 次第に身体の動きをコントロールし、より巧みな動きを獲得
- 心肺機能、筋肉の発達は未熟

体づくり

- 全身を動かす
- 様々な部位を動かす
- 基本的な運動量を増やす

動きづくり

- 全身を使った遊びでの多様な動き
- 「体のバランスをとる動き」（立つ・座る・寝ころぶ・起きる・回る・転がる・渡る・ぶら下がるなど）
- 「体を移動する動き」（歩く・走る・はねる・跳ぶ・登る・降りる・這う・よける・すべる）

気持ちづくり

- みずから進んでの繰り返し
- 体を動かす心地よさ、楽しさ
- 開放感
- 高揚感
- 爽快感
- 真似る面白さ

4歳児

特徴的な姿

- 基本的な動きの定着
- 全身バランスをとる能力が発達
- 身近な用具を操作する動きが上達
- 心肺機能の高まり
- 友達と一緒に運動する楽しさ
- 環境との関わり方、遊び方を工夫して多くの動きを経験
- 先生や友達の動きを真似したり、遊びを発展させたり、ルールをつくったりすることへの興味

体づくり

- 全身を動かす
- 様々な部位を動かす範囲を広げる
- より多様な運動を増やす

動きづくり

- 体全体でリズムをとる
- 用具の巧みな操作、コントロール
- 動きのレパートリーが増える
- バランス感覚
- 異なる二つの動きを協応

気持ちづくり

- 自分なりのめあて
- 動きをつくり出す面白さ
- 挑戦
- スリル
- 爽快感
- イメージ
- 友達と一緒に
- 遊びの工夫
- 面白さの追求
- 好奇心
- 高揚感
- 達成感
- なりきり

5歳児

特徴的な姿

- 無駄な動きや力みなどの過剰な動きの減少
- 全身運動が滑らかで巧み
- 基本的な動きの組み合わせが可能（連続して行う・同時に行う）
- イメージに沿った動きの高い再現性
- 様々な動きが上達
- 身体的な成熟、機能の発達
- 友達と共通のイメージをもって遊んだり、目的に向かって集団で行動したり、友達と力を合わせたり、役割分担したりして満足するまで繰り返し取り組んでの遊び

体づくり

- 全身を全力で動かす
- 様々な部位を滑らかに動かす
- 運動の量と質を向上させる

動きづくり

- 複数の基本的な動きの組み合わせ
- よりなめらかで巧みな動き
- リズムやスピードのコントロール

気持ちづくり

- 目標
- 集中
- 誇り
- 爽快感
- 全力でする心地よさ
- みんなで目的に向かって
- 競争（面白さ、悔しさ）
- 遊びやルールの工夫
- 挑戦
- 高揚感
- 達成感、自信
- 教えあい、話し合い

学年別指導計画　3歳児指導計画

	ねらい	環境構成と援助のポイント
Ⅰ期 先生といっしょに体を動かす	●自分のペースで喜んで体を動かす。 ●先生といっしょに体を動かして遊ぶことを喜ぶ。	●初めての園生活での緊張感を和らげ気持ちを解放できるように、子どもにとって居心地の良い場所や戸外で遊ぶ時間などを確保し、心ゆくまで遊べるようにする。 ●保育者といっしょに歩いたり走ったり、追いかけっこをしたりする中で、スキンシップを図り、信頼関係を築いていくようにする。 ●ゆらゆら人形にパンチしたり、花紙をまき散らしたりするなど、保育室の中でも体を大きく動かせる遊び場を用意し、自ら動くことで緊張をほぐせるようにする。
Ⅱ期 いろいろな感覚を味わう	●戸外で遊ぶ気持ちよさを感じる。 ●好きなものになって、いろいろな動きを楽しむ。 ●揺れる感覚、逆さまの感覚などいろいろな体の感覚を味わう。 ●水遊びの開放感を味わう。	●保育室周辺の目につきやすいところに、ミニ平均台や巧技台、マットなどの運動遊具を設置しておき、思わずやってみたくなるようにしておく。 ●子どもたちが乗り物や動物、虫など自分の好きなものになりきって動くことを楽しめるように、マントなど身につけるものを用意したりそのもののイメージが膨らむような言葉かけをしたり、また保育者自身がなりきって雰囲気を盛り上げ、いろいろな動きができるように、わかりやすい大きな動きで楽しそうに動く。 ●全身を委ねるような感覚や揺れる感覚、逆さまの感覚、転がる感覚などを楽しめるように、やわらかくて大きい円柱クッションやシーソーなどの遊具を用意し保育者もいっしょに遊んで誘いかける。 ●保育者もいっしょに水をかけたり逃げたりして、水に親しみながら大きく体を動かしたりダイナミックに動いたりできるようにする。
Ⅲ期 友達といっしょに体を動かす心地よさを感じる	●思いきり体を動かして楽しむ。 ●友達といっしょに体を動かす楽しさや気持ちよさを味わう。 ●音楽に合わせて体を動かす楽しさを感じる。	●走り回ったり、慣れ親しんだ遊具を組み合わせてダイナミックな動きができるようにしたりすることで思いきり体を動かせるようにする。 ●運動会の経験を通して、友達といっしょに走ったり、力を合わせたりして遊ぶ楽しさを感じられるようにする。 ●３歳児でも楽しめるようなリズムのとりやすい曲や親しみのある曲を用意して、友達といっしょに音楽に合わせて体を動かしたり、動きをまねしたりすることの心地よさを感じられるようにする。 ●遊びに使う平均台やマットなどは、保育者が「よいしょ、よいしょ」と掛け声をかけながら、友達といっしょに力を入れて運ぶことを知らせる。 ●「○○マン」のような強いヒーローに変身することで、強くなった気分を味わいながら、走ったり跳んだり戦ったりなど、体を動かすことに意欲的に取り組めるようにする。
Ⅳ期 自分からやってみる	●全身を使っていろいろな動きを楽しむ。 ●友達がしている体を動かす遊びに興味をもって自分からやってみようとする。 ●自分でやったという満足感を味わう。	●大きな遊具を用意して、足を踏ん張ったり腕を大きく広げたりするなど、全身を大きく動かせるようにする。 ●広い場所や自然の中などでダイナミックに遊ぶ経験を取り入れる。 ●やりたい、やってみたいという気持ちを見逃さないようにし、実現できるように援助したり励ましたりする。 ●少しでもできるようになったことを認め、いっしょに喜び合い、「自分でやった」という満足感を次への意欲につなげていく。 ●簡単なわらべ歌遊びや鬼ごっこを取り入れ、保育者が率先して仲間に入りたくなるような楽しい雰囲気で遊ぶことで、友達といっしょに全身を使って遊ぶことを楽しめるようにする。 ●戸外で跳んだり投げたり渡ったり踊ったりなど、体を動かして遊んでいる様子を認めたり驚いたりし、それぞれの楽しさや頑張りが周りの友達にも伝わるようにする。
Ⅴ期 自分なりにがんばる	●体を動かすことで体が温まることを経験する。 ●友達とかかわりながら体を動かすことを楽しむ。 ●自分なりに頑張った喜びを感じる。	●体操やマラソン、長縄跳び、押し合いっこなどをして体を動かすことで体が温まることを感じられるようにし、寒さを気にせず戸外に出て遊ぼうとする気持ちにつなげていく。 ●少し難しいこと、今までにしたことがないことなどにも自分なりに挑戦し、頑張ることの心地よさを感じられるように、援助したり、励ましたりしながら繰り返し遊びに取り組めるようにする。 ●視野が広がり、年中組の運動遊びの様子に憧れをもち、まねしてみたいという気持ちが強くなるので、３歳児の難易度に合わせたよく似た遊び場をつくり、その気になって楽しめるようにするとともに、自分も年中組のようにできたことを喜べるようにする。

Ⅰ期（4～5月）　Ⅱ期（5～7月）　Ⅲ期（9～10月）　Ⅳ期（10～12月）　Ⅴ期（1～3月）

自ら選んでする遊びの例	みんなでする活動の例
太鼓橋（登る　滑り下りる）　ちびっことりで（登り下り） ゲームボックスからジャンプする（先生の手にタッチ） 走りっこ　車に乗る　花紙をまき散らす マットとフープでゆりかご　先生と追いかけっこ 積木（運ぶ　積む　乗る）　ミニ平均台（歩く　運ぶ　渡る） わくわくらんど（階段　すべり台） 回旋すべり台　グローブジャングルジムで遊ぶ 土山登り下り　子どもの森（丸太渡り） ゆらゆら人形で遊ぶ（パンチ　キック）	ちょうちょやうさぎになって動く わくわくらんどに上る（階段　すべり台） 土山（登る　滑り下りる） 回旋すべり台 子どもの森（丸太・切り株渡り　山） 先生のまねっこをする
太鼓橋で遊ぶ（ゲームボックスから渡る　手すりをまたぐ　手すりの間をくぐる はしごから登る　ジャンプする） 車（乗る　こぐ　運ぶ）　平均台（傾斜　障害物） マットすべり台（滑る　転がる） 円柱クッション（マットロール）（乗る　転がす）　円筒（転がす　中に入って転がる） フープのトンネル（這って進む　しゃがみ歩き　背中で進む） シーソー　車（乗る　こぐ　運ぶ）　タンブリンタッチ ビーチボール（投げる　つかむ　放り投げる　叩く　取りに行く） 土山に登る 子どもの森（蔓のブランコ　ゆらゆらロープ　ゆらゆら橋） “おはようたいそう”をする 砂場（掘る　バケツやたらいで水を運ぶ） 水遊び（水まき遊び　水鉄砲　シャワートンネル）	タンブリンタッチ　平均台渡り　お散歩 子どもの森でかくれんぼ ぞうやへび、だんご虫、車、かたつむりになって動く 走りっこ　鉄棒でぶら下がり ダンス「よろしくね」「くまさんこんにちは」「あくしゅでこんにちは」「あらってあらって」「ぴょんぴょんとんで」 土山（登る　しゃがんで下りる）　プール遊び わくわくらんど（ネット登り）　まねっこ体操 かえるやかに、さかななどになる 乗り物になって動く お母さんに抱っこして揺らしてもらったり、逆さまにしてもらったりする
太鼓橋（マットすべり台で滑る　跳ぶ　転がる）　ひっぱりっこ 円柱クッション（マットロール）（上る　滑り下りる　ジャンプする）　走りっこ 鉄棒（前回り　ぶたのまるやき　鉄棒にぶら下がる） 車で遊ぶ（坂道を下る）　ボールブランコ　とんぼになって走る 「〇〇マン」ごっこ　かいじゅうごっこ　おばけごっこ　平均台 ちびっことりで（上る　飛び下りる）　タイヤ転がし ビーチボール（ジャンプタッチ）　フープ（バスごっこ　持って走る） 砂場（ボトルで水を運ぶ　掘る） わくわくらんど（棒すべりをする　ロッククライミング） 風といっしょに走る（風になびくものやカラカラと音が鳴るものを持って走る） 段ボール電車に乗って遊ぶ　かいじゅう段ボールを倒して遊ぶ 子どもの森（丸太・切り株渡り　ツリーハウスに登る　斜面を転がる）	おはようたいそう（「うみのおさかなたいそう」「よっしゃ」「うんどうかいファイト」） ダンス「いただきマックス」「フリフリロックンロール」 歌に合わせて動く 動物や乗り物になって遊ぶ おさかな鬼ごっこ かけっこ　綱引き 子どもの森（ツリーハウスに上る　土手歩き） 遠足ごっこをする（歩く　動物や魚　バスになる） お母さんのゴールまでかけっこ
ヒーローごっこ　パトロールごっこ　グローブジャングルジム かけっこ　よーいどんごっこ　追いかけっこ たのしい道づくり 段ボールで遊ぶ（中に入る　運ぶ　積む　並べる　引っ張る 押す） 段ボールたいこを叩く 土山から走って下りる 玉入れ　缶馬 紙ボール（作る　投げる　箱に投げ入れる） ビーチボールタッチ　タイヤ転がし　スクーター 葉っぱプール(集める　潜る　まき散らす　転がる　泳ぐ　葉っぱかいじゅうになる） 子どもの森（トトロの道　丸太橋を渡る）　タイヤブランコ わらべ歌遊び「むっくりくまさん」「あわぶくたった」 おおかみ鬼ごっこ	おはようたいそう（「はなまるおんせん」「ぐんぐんどこまでも」） 玉入れ 歌に合わせて動く 動物になって動く いもほりに行く 遠足に行く 葉っぱ集めをする 葉っぱプールで遊ぶ
すもうごっこ　戦いごっこ　鬼ごっこ　おしくらまんじゅう 円柱クッション（マットロール）で押し合いっこ　影踏み　紙皿ブーメラン ビニールたこあげ ケンケン　マラソンごっこ 両足跳び越し（バーを跳び越す　フープに入る） 縄で遊ぶ（ひっぱりっこ　縄の上を歩く　へび跳び　踏切　長縄跳び） 砂場（大スコップで掘る　大きな山をつくる） 大型ボールで当て合いっこ 鬼になって遊ぶ　豆まきごっこ　マラソンごっこ おはなしごっこのくまやぶたになって遊ぶ	おはようたいそう(「きょうりゅうたいそう」「らーめんたいそう」) マラソン（駆け足） おおきなおいもごっこをする 縄で遊ぶ 両足跳び ケンケン おすもう大会 おてだま（投げ上げて受ける） なべなべそこぬけ ３びきのこぶたごっこ

学年別指導計画　4歳児指導計画

	ねらい	環境構成と援助のポイント
Ⅰ期 先生や友達といっしょに体を動かす	●体を動かして遊ぶ楽しさや面白さを知る。 ●先生や友達といっしょに体を動かすことを楽しむ。	●やわらかい感触のもの、大きくて体が委ねられるものなどを組み込み、簡単でだれでもが参加しやすいサーキットなどを目につきやすいところに設定し、自分からやってみたいという意欲がわくようにする。 ●保育者といっしょに走ったり総合遊具で遊んだりして体を動かすことで、新学期の緊張をほぐしながら信頼関係の構築にもつなげていく。また、一人ひとりの経験の差に配慮しながら新しい体の動きを経験できるように少しずつ誘いかける。 ●子どもたちが寄り集って遊べる場をつくったりみんなで保育者のまねっこをしたりして、友達といっしょにいる楽しさを感じながら体を動かして遊ぶ経験ができるようにする。
Ⅱ期 いろいろな動きを十分に楽しむ	●自分の体のいろいろな動きを楽しむ。 ●先生や友達の動きをまねたり、リズムに合わせて体を動かしたりする楽しさを感じる。 ●水遊びの開放感を味わいながら十分に体を動かして遊ぶ。	●サーキットなどの遊具を子どもといっしょに組み立てながら変化をつけたり、ジャンプするところを高くして難易度を上げたりするなど、より多様な動きが経験できるようにする。 ●ぞうきんがけや斜面歩き、不安定な足場を歩くなど姿勢や重心が変わる動きの面白さを感じながら、自分の体でいろいろな動きを楽しめるようにする。 ●子どもたちから生まれたごっこ遊びを生かして、ヒーローになって走り回ったり、お化けから逃げたりするなど個々の子どもの興味や関心に合わせて体を動かす経験につなげる。 ●“おはようたいそう”などでは曲に親しみがもてるようにするとともに、まねやすく揃いやすい動きに注目させることで、まねしたり、音楽に合わせて体を動かしたりする楽しさが感じられるようにする。 ●日ごろの遊びをプールでの遊びにも取り入れ、水の抵抗を感じながら全身を使って遊んだり、体が浮くような遊びをする中で、水中で体がリラックスする心地よさを感じたりできるようにする。
Ⅲ期 遊具や用具を扱って楽しむ	●全力を出して遊ぶ気持ちよさを感じる。 ●遊具を扱って体を動かして遊ぶことを楽しむ。 ●友達とタイミングや力を合わせる面白さを感じる。 ●簡単なルールに沿って体を動かして遊ぶ。	●思いきり走る、引っ張るなどの経験をする中で力を出し切る心地よさが感じられるようにする。 ●ボール、フープ、玉など子どもたちが扱いやすく多目的に使用できる用具を用意する。一時期に使用する遊具の種類は少なくし、数は多めに用意することで、友達の刺激を受けながら一人ひとりが十分にその遊具を扱う楽しさを感じられるようにする。 ●友達といっしょに音楽に合わせて踊りを楽しめるような場をつくったり、友達といっしょに体を動かす機会に保育者が掛け声をかけたりして、友達と気持ちや動きが揃う心地よさが感じられるようにする。 ●大きめの遊具を組み立てたり、片付けたりする時に協力して運ぶことを通して、友達の動きに合わせて自分の体をコントロールしたり、力を合わせたりする経験が楽しくできるようにする。 ●子どもの思いをくみながら簡単なルールを決めていき、友達といっしょにルールを守って遊ぶ楽しさを感じられるようにする。
Ⅳ期 いろいろな遊びに挑戦する	●いろいろな運動遊びに挑戦する面白さや、できた喜びを感じる。 ●自分なりにめあてをもって運動遊びをする面白さを感じる。 ●友達の動きを見て自分もやってみようとする。 ●ダイナミックに遊ぶ楽しさを感じる。	●鉄棒や天狗下駄などでは、めあてとなるような動きを視覚的に分かりやすく提示し、自ら挑戦できるようにする。 ●忍者や冒険隊など子どもたちが興味をもっているもののイメージを膨らませ、その中でなりきることを楽しみながら、新たな運動にも挑戦できるようにする。 ●縄跳びでは様々な技を提示したり、技ができたら縄に印をつけたりすることで、達成感や意欲につながるようにする。 ●友達同士が刺激を受け合えるように、積極的に体を動かす遊びに取り組んでいる子どもたちの姿に注目できるようにしたり、時にはみんなでいっしょに取り組んだりする。 ●鉄棒などで自分の考えた動きに「○○技」などの名前を付けることで、自分なりにいろいろな動きを工夫する楽しさが感じられるようにする。 ●自分の体より大きな遊具を組み合わせたり、ボールなどを思いきり投げたり、キャタピラやスクーターなどの乗り物でスピードをだしたりできるように、全身を使って大胆に遊べる環境を整える。 ●子どもが求めるスリルを認めつつも、安全にその思いが実現できる方法をいっしょに考える。
Ⅴ期 友達といっしょに繰り返し取り組む	●体を動かすことで体が温まる心地よさを味わう。 ●友達と運動遊びの楽しさを共有しながら取り組む。	●マラソンや縄跳びなどをして運動量を増やし、寒くて動きにくい体をほぐし自らも体を動かす遊びに取り組めるようにする。 ●すもうなどで友達に全身でぶつかる経験をとおして、自分の力を試す面白さが感じられるようにする。 ●簡単なルールの鬼ごっこを保育者が積極的に楽しむことでその面白さを伝え、より楽しくなるようなルールをいっしょに考えていく。 ●短縄や長縄をしている様子に注目させたり、跳べるようになった回数をカードに書いたりして自分や友達の上達を喜びながら繰り返し楽しめるようにする。

Ⅰ期（4～5月）　Ⅱ期（5～7月）　Ⅲ期（9～10月）　Ⅳ期（10～12月）　Ⅴ期（1～3月）

自ら選んでする遊びの例	みんなでする活動の例
大型ソフト遊具（ふわふわクッション）（歩く　跳ぶ　ジャンプする） 追いかけっこ 迷路ごっこ ちびっことりで（登り下り） わくわくらんど（階段　すべり台） グローブジャングルジム 回旋すべり台　土山登り下り 子どもの森（丸太渡り、丸太ジャンケン、ツリーハウスやぽっぽのおうちにのぼる、ゆらゆらばし） 段ボール箱バス	土山登り 保育室で体操「動物たいそう」「げんきがポン」 ピアノに合わせて動く（うさぎやちょうちょになる） まねっこ遊び 動物になって遊ぶ
大型ソフト遊具ふわふわクッション（トンネル　跳び乗る　転がす） バランスボール 迷路ごっこ　高いところからジャンプする 移動鉄棒（ぶらさがる　くぐる　まえまわり） 平均台（歩く　ジャンプして降りる） おばけごっこ　ヒーローごっこ ポンポンでおどる ケンパ 追いかけっこ わくわくらんど（ネット　ロッククライミング） スクーターに乗る みずでっぽう　シャワー 鬼ごっこ（たすけ鬼、なかよし鬼）	おはようたいそう「へんしんたいそう」 ピアノに合わせて動く(転がる　ケンケン　歩く　走る　止まる) わくわくらんど（ネット　棒すべり　ロッククライミング） 子どもの森（斜面歩き　斜面上り下り）　なかよし鬼ごっこ 新聞紙で遊ぶ ぞうきんがけ 水遊びの準備体操「あにまるすいみんぐ」 プール（歩く　走る　ジャンプする　ワニ歩き　逃げる　汽車　だるまさんがころんだ　たまいれ） 引っ越しゲーム　ホースくぐり　せんたくき 土ねんど
鉄棒（前回り　しがみつき　つばめ　ふとんほし　自転車こぎ） 平均台　ひもつき段ボール（乗る　ひっぱる） 輪投げ 土山からキャタピラで降りる かけっこあそび　しっぽとり 的当て　玉入れ　玉受け　魚玉入れボードで遊ぶ　玉の当てっこ トンネルくぐり タイヤ（ ひっぱる　ころがす）　缶馬 サーキットを組む　とりでからジャンプする バランスボール（乗る　転がす　投げる） フープ（くぐる　坂道で転がす　投げる　電車ごっこ） 短縄で遊ぶ、縄電車	おはようたいそう「ぐんぐんどこまでも」 鉄棒大会 ばなな鬼ごっこ　まじょ鬼ごっこ かけっこ つなひき おさるのしっぽとり うみのぼうけんたいごっこ（玉を宝箱に入れる） 玉入れ　おいかけ玉入れ　玉投げ 親子競技（ケンケン　トンネルくぐり　平均台　親子ペンギン　親子でサル） 親子ダンス「おとなこうえん」
忍者の修業ごっこ （柱を登る　平均台　鉄棒　しゅりけんなげ　竹平均台　キャタピラ　ジグザグ走り　まつぼっくり投げ　丸太渡り　ゆらゆら橋　タイヤ登り　ゆらゆらロープ　木登り） レスキュー隊ごっこ（とりでから縄を使って跳び下りる） スクーターでスロープを滑り降りる ダンスごっこ　ぼうけんたいごっこ 短縄とび（ヘリコプター、扇風機、まえウサギ、よこウサギ、せかいいっしゅう、まえまわしとびチャレンジ） 長縄跳び（へび跳び、まわし跳び、ふみきりくぐり、四角回し跳び） 棒すべり　うんてい 移動鉄棒（鉄棒ぶらんこ　鉄棒技） ドングリすべり台 葉っぱのプール　葉っぱのジャンプ 一本橋サーキット 新聞ボール	おはようたいそう「きょうりゅうたいそう」「らーめんたいそう」「はなまるおんせん」 忍者の修行（まつぼっくり投げ　丸太渡り　ゆらゆら橋） ぼうけんたいごっこ（缶馬　棒すべり） 友達とうまとび トンネルくぐり 長縄に当たらないようにしゃがんだりジャンプしたりする。 縄跳び（下において前跳び　横跳び　世界一周　引っ越しゲーム） 遊戯室（鉄棒　平均台　椅子迷路で遊ぶ） 大掃除の荷物運び ゲーム「なんじゃもんじゃにんじゃ」
短縄跳び（回し跳び　連続跳び　後ろ跳び　ケンケン跳び） 長縄跳び（連続跳び　くぐりぬけ　ゆうびんやさん）　おみこし 氷とり　鉄棒（こうもり）　跳ねる板の上で縄跳び　遊戯室の大積み木 すもう　サッカー　たこあげ　リレー　巧技台で迷路　丸太じゃんけん 鬼ごっこ（高鬼、色鬼）　ボール当て鬼ごっこ 中当て　キャンディーボール（投げる　転がす　当てる）　まりつき 「はないちもんめ」「あわぶくたった」	おはようたいそう「おおきくなるって」 たこあげ大会　マラソン　短縄跳び　長縄跳び 氷鬼ごっこ「はないちもんめ」「あわぶくたった」 おはなしごっこ（けんぱ　長縄） スキップマラソン　ケンケンマラソン　ケンパマラソン ゲーム「ちゃんこなべじゃんけん」「あらしよあらしおおあらし」 ダンス「しゃきしゃきたいそう」「がっちりガード」「ケンパであそぼ」 ぞうきんがけ（友達とする）

学年別指導計画　5歳児指導計画

	ねらい	留意点
Ⅰ期 自分たちで意欲的に体を動かす	●年長組になった喜びと自覚を感じながらのびのびと体を動かして遊ぶ。 ●いろいろな遊びに関心をもち、体を動かして遊ぶことに意欲的に取り組む。	●広い運動場で走ることやリヤカーやスクーターなどの乗り物に乗ることの心地よさに共感し、今までより長い距離を走ったりスピードを出したりして思いきり体を動かせるようにする。 ●年中組のときに憧れていたマルチパネや巧技台などの大型遊具に積極的に誘い、安全な使い方とともに年長児だからこそ扱えることを伝え、自信をもってよりダイナミックに遊びが展開できるようにする。 ●友達の遊ぶ様子や挑戦する姿を見る機会をもったり、クラスで話題にしたりすることで、自分もやってみたいと意欲をもって取り組めるようにする。 ●だれでも参加しやすい簡単なルールのある遊びを提案し、初めて同じクラスになった友達も含め、たくさんの仲間といっしょに体を動かして遊ぶことを楽しめるようにする。
Ⅱ期 いろいろな動きを工夫し挑戦する	●自分たちで遊び方やおもしろい動きを考える。 ●いろいろな動きに挑戦し、自分なりの達成感を味わう。 ●友達の姿に憧れをもったり、刺激を受けたり、友達と競うことを楽しんだりする。 ●自分の体や体に力をつけることに関心をもつ。 ●水の中で思いきり体を動かすことを楽しむ。	●板やロープなどいろいろな遊び方や扱い方ができる遊具に注目させ、保育者もいっしょに遊ぶことできっかけをつくり、自分たちで遊び方を考えたり工夫したりできるようにする。 ●友達と競い合うことを楽しみながら体を思いきり動かせるように、いろいろなリレーやジャンケン競争などを提案したり、刺激しあえるような言葉をかけたりする。 ●いろいろな動きや挑戦ができる遊具を組み入れたサーキット遊びに、グループや仲の良い友達といっしょに取り組むことで、少し難しいことにも挑戦しようとする意欲がもてるようにする。 ●“おはようたいそう”で“ちびっこせんせい”となって順番にみんなの前で体操をすることで、大きくきちんと体を動かすことを意識しながら体操できるようにする。 ●山登り遠足のためには丈夫な体が必要であることを話し合い、自分の体に力をつけることに関心をもち、積極的に体を動かす遊びに取り組めるようにする。 ●水中で浮く感覚や流れる感覚を味わい、水の抵抗を楽しみながら全身をしっかり動かし、開放感を味わったり、競争することを楽しんだりする。
Ⅲ期 友達といっしょに競い合う	●友達と力を合わせ励まし合いながら、力いっぱい取り組む。 ●勝敗のある遊びに、集中して夢中になって遊ぶ。 ●自分の動きやリズム、スピードをコントロールする面白さを味わう。 ●自分なりの目標をもち挑戦することを楽しむ。	●競技やゲームにクラスやチームで取り組み、目的に向かって友達と力を合わせたり勝つための工夫をしたりし、勝敗に一喜一憂しながら上達した喜びや達成感を味わえるようにする。 ●チーム対抗の遊びでは、競争する面白さや緊張感が増すように、点数表をつくったりチームを替えたり、繰り返し遊びこめるようにする。 ●自分の体のどこをどのように動かすとよいのか、どこに力が入るといいのか、など自分の体の動きを考える機会をつくり、それぞれの運動に合わせた体の動かし方を意識できるようにすることで、自分のイメージした動きに近づけるようにする。 ●いろいろな種類の運動や段階をつけた動きを示した「うんどうあそびかーど」を作り、いろいろな運動に挑戦したり、少しずつ難しいことに挑戦したりするなど一人ひとりが目標をもって取り組めるようにする。
Ⅳ期 友達と目的に向かって協力する	●友達とイメージを共有し、協力して運動遊びに取り組む充実感を味わう。 ●友達と競争したりルールを作ったりしながら体を動かすことを楽しむ。 ●よりなめらかで巧みに動く心地よさを味わう。	●「年少児の遊び場を作ろう」「遊具をもっと楽しくしよう」などのテーマを投げかけ、友達と相談したり工夫したりしながら体を動かして遊べる場作りを楽しめるようにする。 ●三つ編みで縄跳びを作り、愛着をもつことで、技を磨くことに夢中になったり、友達と共通のイメージをもちながら遊び方を工夫したりできるようにする。 ●やってみたい遊び方やアイデアを友達と伝え合い、自分たちなりのルールを決めることができるように、ときには保育者が仲介しながら自分たちで面白さを追求していくようにする。 ●「うんどうあそびかーど」に仲間と教え合ったり励まし合ったりしながら取り組む機会をつくり、友達といっしょに高まっていく充実感を味わう。 ●いくつかの動きを同時に行うような、より複雑な動きのある遊びを提案する。 ●目的を定めることで、より高くより速くより正確に体を動かしたくなるようにし、動きの洗練化につながるようにする。
Ⅴ期 自分たちの成長と達成感を味わう	●戸外で存分に体を動かすことを継続することを楽しむ。 ●自分の目標に向かって挑戦し、達成感を味わう。 ●友達と刺激を受け合いながら、共通の目標を目指して取り組むことを楽しむ。	●体操やマラソン、跳び縄、鬼遊びなどしっかり体を動かす活動をできるだけ毎日継続し、体があたたまり体を動かしやすくなる感覚を味わいながら、寒くても戸外で元気に遊ぶことができる体づくりをする。 ●羽根つきやたこあげなどの伝統遊びを通して、遊具を使って楽しみながらいろいろな動きを経験できるようにする。 ●苦手なことでも目標に向かって取り組む姿を認め、友達とともに納得するまで取り組めるようにする。 ●自分のがんばりの成果を見てもらう機会をもち、それに向かって繰り返し練習し、友達と教え合ったり励まし合ったりしながら、達成していく感覚を味わえるようにする。 ●友達のがんばっているようすを見たり、自分のがんばりを自分で認めたりすることで、「いつかできる」「きっとできる」という気持ちをもちながら、いろいろな運動に挑戦できるようにする。

Ⅰ期（4～5月）　Ⅱ期（5～7月）　Ⅲ期（9～10月）　Ⅳ期（10～12月）　Ⅴ期（1～3月）

自ら選んでする遊びの例	みんなでする活動の例
わくわくらんど（ロッククライミング　三角山）　スクーター　三輪車 グローブジャングルジム（登る　乗る　回す） 回旋すべり台（滑る　逆さ登り）　タイヤブランコ 鉄棒　うんてい　綱渡りロープ　棒すべり 子どもの森（ツリーハウス　ゆらゆら橋） リレー　鬼ごっこ（氷鬼　高鬼　座り鬼）　ころがしドッジボール マルチパネ（おうち　のりもの） リヤカー（引く　友達を乗せる） 巧技台（アスレチック　基地）	おはようタッチ おはようたいそう 丸芝生の周りを走る リレー リズムに合わせてスキップやケンパをする
マルチパネの車で遊ぶ（押す　引っ張る　山から滑らせる） 板を使って遊ぶ ロープを使って遊ぶ 鉄棒　うんてい（ひとつとばし　逆さ下り　上にのる） アスレチックづくり　テントボール投げをする スクーター（土山から滑る　コースを作る） 三輪車　フラフープ（転がす　並べて跳ぶ） 子どもの森（木登り　丸太橋渡り）　リレー ボール投げ　いろいろリレー　追いかけリレー　障害物リレー 巧技台（すべり台　迷路　トンネル）　棒すべり・棒のぼり リヤカー（合体して引っ張る）　鬼ごっこ（タイマー鬼　色鬼） ぱわーもりもりかーど 土山（タイヤを運んでのせる）　紙飛行機 砂場（穴を掘る　水を運ぶ　流す　中に入る　ジャブジャブマラソン） 水鉄砲　スプリンクラー（シャワーの中を走る　水を受ける）	おはようたいそう 丸芝生の周りを走る（走る方向をかえる） 鉄棒や綱渡りロープ渡りに挑戦する　かけっこ ボール雪合戦　いすとりゲーム　ジャンケン競争 遊戯室でいろいろな動きをする（走る　スキップ　ケンパ） いろいろリレー　農場に散歩にいく ぱわーもりもりかーど　運動場で大迷路つくり 若草山遠足「遠足前に体を強くしよう」（グループで遊ぶ、万歩計をつけて遊ぶ、大学のグラウンドで遊ぶ） ぞうきんがけ プール遊び（顔つけ　ウレタンボード競争　鬼ごっこ　流れるプール作り　フープくぐり　宝さがし） どろんこ遊び ミッションボックスで遊ぶ　体操棒で遊ぶ
マルチパネ リレー 三色帽子とり 巧技台（アスレチック　迷路　おばけごっこ） ボール（的当て　サッカー　中当て） トンボとり競争　子どもの森（タイヤロープ登り） ころりんじゃんぷ　一輪車 けいどろ　玉入れ　綱引き　かけっこ　鬼ごっこ（ボール当て鬼　帽子とり鬼） うんどうあそびかーど（鉄棒　のぼる・おりる） 砂場（水を流す　池や海をつくる　ダムをつくる）	おはようたいそう ぐーちょきぱー鬼ごっこ　けいどろをする かけっこ 三色帽子とり 綱引き 玉入れ 綱引き・玉入れの作戦会議 ポンポンを持って踊る うんどうあそびかーどをする デカパン競争　ボール運び競争 草引きをする　万歩計を着けて歩数を計る
三色帽子とり　ころりんジャンプ　自転車　葉っぱのプールづくり 三つ編み縄（引っ張る　跳ぶ　ブランコ　いろはにこんぺいとう） 長縄跳び（○回跳びに挑戦　ゆうびんやさん　通り抜け）　わらべ歌遊び 鬼ごっこ（ドンジャンケン　宝とり　フェイント鬼　島鬼） 巧技台（アスレチック　かいじゅうめいろ　レスキュー隊） ボール当てゲーム　ピンポン 子どもの森（うまとび　丸太橋の上歩き） ドッジボール　遊園地ごっこ　サーカスごっこ　リヤカータクシー うんどうあそびかーど（ころりんじゃんぷ　うんてい）　枝落とし 砂場（鉄スコップで穴掘り　山作り） まりつき　紙飛行機　とび箱	おはようたいそう 丸芝生の周りを走る（二月堂までの距離を走る） 鬼遊びをする（氷鬼　ドンジャンケン　宝とり） うんどうあそびかーどをする（自分の考えた内容を紹介するグループの友達とうんどうかーどに挑戦する） ボールあてゲーム　ドッジボール　園内の樹木探しゲーム 三つ編み短縄で遊ぶ（いろいろな遊び方を考えよう） 小学校の運動場で遊ぶ（走る　固定遊具で遊ぶ） 二月堂遠足
まりつき（両手つき　歩きながらつき　あんたがたどこさ） 羽根つき　たこあげ　マット運動（前転　後転　側転　ブリッジ） 鬼ごっこ（手つなぎ鬼　鉄棒鬼　ハンター鬼） サッカー　ドッジボール　そりすべり 短縄跳び（後ろ跳び　けんけん跳び　走り跳び　あや跳び） 長縄跳び（○人跳びに挑戦　おはいりなさい　一羽のカラス） うんどうあそびかーど（縄跳び　マラソン） 自分たちで技を考える　目標を決めて練習する	おはようたいそう マラソンをする 短縄を跳ぶ（いろいろな技に挑戦する） うんどうあそびかーどをする（自分のがんばりや友達のがんばりを伝え合う） グループの友達とがんばろう大会（うんてい　棒のぼり　縄跳び　サッカーのシュート　まりつき　鉄棒　こま） 得意技を見せよう 年少児に見てもらう得意技の相談をする 友達といっしょに練習する　技の見せ合いをする

あとがき

私たちの園では、10年前より、そのときの研究成果をもとに、子どもたちの「こころ」の育ちに焦点をあて、自尊感を根底においた保育実践を重ねてきています。今回さらに子どもたちの「からだ」に着目し「こころ」と「からだ」の両輪を育むことで全人的な発達を促したいと考えこの**「からだ力」**の研究に取り組んでまいりました。実践を重ねていくたびに、目の前の子どもたちが変わっていくこと伸びていくことを実感し、**「からだ力」**を高めることが、自分に自信をもつことにつながり、「自尊感」を育むことに大きく関与していることもわかりました。幼児期に**「からだ力」**を育むことが、生涯にわたっての健康な人生につながることを確信し、元気でたくましく生きる力を備えた子どもを育むべく、本書を全国の幼児教育関係者の方々の保育の中で生かしてくださることを願っております。

最後に、本書の実現および編集において尽力いただいた、ひかりのくに（株）の安藤憲志さんと太田吉子さんに、この場をお借りして、厚くお礼を申し上げます。

奈良教育大学附属幼稚園プロジェクトチーム代表
竹内範子

著者●奈良教育大学附属幼稚園プロジェクトチーム　※ご役職名等は発行時のものです。

代　表・奈良教育大学附属幼稚園
　　　　竹内範子（副園長）
副代表・長谷川かおり（研究主任教諭）
　　　・木村公美
　　　・川淵洋子
　　　・大原千晶
　　　・清水智佳子
　　　・百村美代子
　　　・原田眞智子
　　　・丸尾晶子
　　　・松仲祥子
　　　・西坂順子
スーパーバイザー・玉村公二彦（園長）

研究協力者
奈良教育大学・岡澤祥訓　（保健体育講座教授）
　　　　　　・笠次良爾　（保健体育講座教授）
　　　　　　・中井隆司　（教育開発講座准教授）
　　　　　　・瓜生淑子　（学校教育講座教授）
　　　　　　・横山真貴子　（学校教育講座教授）
　　　　　　・掘越紀香　（学校教育講座准教授）

参考文献　○文部科学省　『体力向上の基礎を培うための幼児期における実践活動の在り方に関する調査研究　報告書』 2011
○文部科学省　『幼児期運動指針ガイドブック』 2012
○竹中晃二　『アクティブ・チャイルド 60min. ―子どもの身体活動ガイドライン―』 2010　サンライフ企画
○杉原隆　『幼児の教育』Vol.107 No.2 P16-22「運動発達を阻害する運動指導」 2008　日本幼稚園協会
○東根明人　『体育授業を変えるコーディネーション運動 65 選―心と体の統合的・科学的指導法―』 2006　明治図書

※この本は、奈良教育大学附属幼稚園の平成25年研究紀要『幼児期に必要なからだ力について考える』をもとに作りました。

運動あそびで『からだ力』UP!!

2014年6月　初版発行
2015年6月　3版発行

著　者　奈良教育大学附属幼稚園プロジェクトチーム
発行人　岡本 功
発行所　ひかりのくに株式会社
〒543-0001　大阪市天王寺区上本町 3-2-14　郵便振替 00920-2-118855　TEL 06-6768-1155
〒175-0082　東京都板橋区高島平 6-1-1　郵便振替 00150-0-30666　TEL 03-3979-3112
ホームページアドレス　http://www.hikarinokuni.co.jp　乱丁、落丁はお取り替えいたします。

印刷所　凸版印刷株式会社

Printed in Japan
ISBN　978-4-564-60846-9
NDC376　144p　26 × 21㎝

STAFF
本文イラスト／内野しん／常永美弥／仲田まりこ
編集・本文デザイン・レイアウト／太田吉子
編集担当／安藤憲志
校正／堀田浩之